GEORG WEINDL

Heimat-Roadtrips Oberbayern

TOUREN · HIGHLIGHTS · GEHEIMTIPPS

BRUCKMANN

Inhalt

Die Kirche St. Sebastian in Ramsau ist ein beliebtes Fotomotiv entlang der Deutschen Alpenstraße.

Route 5

Route 6

Kloster Andechs, der heilige Berg der Bayern zwischen Ammersee und Starnberger See

Liebe Leserin, lieber Leser,

ES MAG SPONTAN etwas verkäuferisch klingen, aber Oberbayern zählt tatsächlich zu den vielseitigsten Regionen Deutschlands. Hier finden Sie alles von steilen Bergen mit Gletschern bei der Zugspitze über malerische Bergseen wie Eibsee oder Königssee, gemütliche Dörfer und historische Städte bis zu unberührten Ecken ganz ohne Trubel. Beste Voraussetzungen also für eine anregende und abwechslungsreiche Entdeckungsreise.

Entspannt drauflosfahren, die Landschaft bewundern und neugierig auf ungewöhnliche Entdeckungen sein – diese Idee steckt hinter diesem Buch. Lassen Sie sich verführen zu einem oder mehreren Ausflügen durch Oberbayern. Fahren Sie ganz stressfrei, denn die Streckenführung, die Sehenswürdigkeiten, Einkehr- und Übernachtungsmöglichkeiten, all das liefert dieses Buch. Sie müssen nur aufbrechen, die Region erleben und genießen.

Sechs Touren erwarten Sie, allesamt Strecken mit besonderen Qualitäten. Eine im Norden, eine im Süden, eine im Osten und eine im Westen von Oberbayern. Alle starten und enden in München, lassen sich also einfach miteinander kombinieren. Dazu gibt es zwei Themenrouten. Die Erste widmet sich der bayerischen Bierkultur, die Zweite folgt der berühmten Deutschen Alpenstraße und verspricht herrliche Panoramen.

Dieses Buch bietet bekannte und berühmte Höhepunkte wie den Starnberger See, den Ammersee mit dem Kloster Andechs oder den Königssee. Aber Sie werden auch Geheimtipps entdecken, etwa den Hintersee im Berchtesgadener Land oder das Kloster Reutberg im Oberland sowie einen pittoresken Turm im Stil von Friedensreich Hundertwasser mitten in der Hallertau.

Gute Fahrt wünscht

Georg Weindl

Die Deutsche Alpenstraße führt am Sylvensteinstausee entlang.

Willkommen in Oberbayern!

Oberbayern ist ein ideales Gebiet für abwechslungsreiche und genussvolle Exkursionen. Für viele Besucher ist Oberbayern der Inbegriff von Bayern. Einerseits ist dies ungerecht, denn mit 17 500 Quadratkilometern macht Oberbayern nur ein Viertel von ganz Bayern aus. Andererseits besitzt Oberbayern zahlreiche Attraktionen, die für das Image von Bayern sehr wichtig sind, hier gibt es die höchsten Berge und einige der schönsten Seen Deutschlands. Es ist keinesfalls ein Zufall, wenn man das Klischee des Eingeborenen mit Lederhose und Tracht sowie einem etwas rustikalen Auftreten mit einem Bayern und nicht unbedingt mit einem Oberbayern verbindet. Wenn jemand sagt, er fährt nach Bayern in den Urlaub, dann landet er selten in der Rhön oder im Oberpfälzer Wald. So schön diese Regionen auch sind, das angepeilte Ziel befindet sich meistens

Die Tracht ist in Oberbayern Teil der eigenen Tradition, hier in Bad Wiessee.

in München, in der Nähe der Zugspitze, des Tegern- oder Chiemsees oder im Berchtesgadener Land.

Berge, Seen und Dörfer

Oberbayern deckt den südöstlichen Winkel Bayerns und damit Deutschlands ab, hat als einzigen Nachbarn die Österreicher. Bekannt sind, wie eben schon angedeutet, vor allem die Orte in den Bergregionen und rund um die bekannten Seen – vom Ammersee und Starnberger See im Westen über den Tegern- und Chiemsee bis zum Königssee. Die Kombination aus Bergen und Seen übt auf Besucher offensichtlich eine besondere Faszination aus. Und das spielt auch bei unseren Touren eine wichtige Rolle. Aber man sollte nicht vergessen, dass Oberbayern noch deutlich mehr ist. Vor allem die Gegenden im nordöstlichen und nördlichen Bereich besitzen einen speziellen Reiz, auch wenn die Berge hier eher sanfte Hügel sind. Dafür trifft man noch oft auf authentische Lebensart, auf traditionelle Dörfer und auf Landstraßen mit geringem Verkehr, wo es auch an den Wochenenden ruhig zugeht. Diese Gegensätzlichkeit – hier die Millionenmetropole München mit einem reichhaltigen Kulturangebot und eleganten Einkaufsstraßen, nur ein paar Kilometer entfernt ländliche Idylle im Dachauer Moos oder in der Hallertau, dem großen Hopfenanbaugebiet südlich der Donau – macht Oberbayern besonders reizvoll.

Offizielle Eckdaten

Oberbayern ist konkret und politisch korrekt ein Regierungsbezirk mit klaren Grenzen. Nach Süden und nach Osten hin zu den Österreichern sind sie offenkundig. Die wenigsten wissen jedoch, wo die Grenzlinie etwa zu Niederbayern im Norden und zu den Schwaben im Westen verläuft. Man merkt es Richtung Schwabenland an dezenten sprachlichen Veränderungen, wenn der Dialekt alemannische Anklänge bekommt. Zu den Niederbayern hin wird es schon schwieriger, das spielt aber auch keine große Rolle, denn kulturell sind die Unterschiede zwischen dem Nieder- und Oberbayerischen zumindest für Außenstehende eher marginal.

Geschichte und Entwicklung

Historisch betrachtet besteht Oberbayern in seiner aktuellen Form seit dem Jahr 1816, von kleinen Detailänderungen abgesehen, als der Vertrag von

München abgeschlossen wurde. Dabei verzichteten die Bayern unter anderem auf das Innviertel und Herzogtum Salzburg und bekamen dafür Berchtesgaden und den Rupertiwinkel. Bayern und Salzburger pflegen wohl auch deshalb heutzutage gute nachbarschaftliche Beziehungen, zumindest deutlich bessere als Bayern und Tiroler derzeit.
Oberbayern ist auch eine sehr vielseitige Gegend, hat sich in den vergangenen 50 Jahren von einer Agrarregion in eine leistungsfähige Industrie- und Handelsregion verwandelt, in der auch der Tourismus eine wichtige Rolle spielt. In Oberbayern gibt es 133 Naturschutzgebiete und 248 Landschaftsschutzgebiete.

Unsere Routen durch Oberbayern

Zentraler Ausgangspunkt der verschiedenen Touren ist München. Während Süden, Westen und Osten bekannte und etablierte Urlaubsregionen sind, repräsentiert der Norden das weniger bekannte und gerade deshalb reizvolle Oberbayern.

Der Westen

Starnberger See und Ammersee sind die Hauptdarsteller dieses Ausflugs. Und das hat viele gute Gründe. Zuerst führt der Weg durch das idyllische Würmtal aus München hinaus, bevor es nach Starnberg am Ostufer des Starnberger Sees mit seinen vielen Nobelvillen und Schlössern entlanggeht. Schon vor über 100 Jahren haben sich reiche Münchner zum See hingezogen gefühlt. Nachdem wir Seeshaupt einen Besuch abgestattet haben, fahren wir am Westufer Richtung Norden. Hier ist man mit dem Auto näher am Wasser als am Ostufer. Bei Possenhofen biegen wir links Richtung Ammersee ab. Früher hatte dieser den Beinamen Bauernsee, während der Starnberger See der Herrensee war. Kurz vor Herrsching wartet eine oberbayerische Institution. Das Kloster Andechs residiert auf dem Heiligen Berg, wobei die Frage ist, ob dieser wegen des Klosters so heißt oder wegen des berühmten Bieres und der Gastronomie. Beide sind einen Besuch wert. Danach umrunden wir den Ammersee, meist nah am Seeufer, bevor wir in Landsberg am Lech mit seiner bezaubernden Altstadt, der letzten Station, ankommen.

↑ In Oberbayern gibt es auf dem Land viele Kühe.
↗ Der Nostalgiedampfer Ludwig Fessler auf dem Chiemsee

Der Norden

Das nördliche Oberbayern ist nicht gerade eine klassische Urlaubsregion. Aber gerade das macht die Erkundung reizvoll. Die Gegend zwischen München und der Donau rechts und links von Ingolstadt verfügt über viele besondere Reize. Dazu gehört das naturbelassene Dachauer Moos genauso wie die Hallertau, das größte zusammenhängende Hopfenanbaugebiet der Welt mit einer Fläche von 2400 Quadratkilometern. Hier wächst etwa ein Drittel der weltweiten Hopfenproduktion. Apropos Anbaugebiet: Etwas weiter westlich ist die Heimat des berühmten und begehrten Schrobenhausener Spargels. Es gibt also viel zu entdecken bei der Rundfahrt von München über Dachau und Schrobenhausen bis Ingolstadt und zurück durch die Hallertau nach Freising, das als Universitätsstadt und ehemaliger Bischofssitz viel Historie hat. Auch kulturell ist hier viel geboten.

Der Osten

Tegernsee, Schliersee und der Chiemgau sind absolute Klassiker, wenn es um schöne Ausflüge in Oberbayern geht. Diese Runde macht einen Schlenker über Rosenheim, dann einen Bogen über Miesbach zum Tegernsee mit seinen eleganten Uferpromenaden und streift als Nächstes den Schliersee. Einige eindrucksvollen Bergpassagen vorbei am Wendelstein und hinunter ins Inntal folgen. Herrliche Aussichten sind natürlich inklusive. Danach wird es deutlich gemütlicher: Wir passieren den sanften Samerberg, von dem aus man einen idealen Ausblick auf die Gegend bis zum Chiemsee hat. Dieser ist das nächste Ziel mit dem großzügigen Strandbad in Felden, bevor es über Prien zur Chiemgauer Seenplatte geht. Hier gibt es zahlreiche kleine und nicht ganz so kleine Naturbadeseen. Das letzte Stück nach Rosenheim und weiter Richtung München gleicht einer entspannten Landpartie.

Das Stadtmuseum befindet sich im historischen Rathaus im Zentrum von Bad Tölz.

Der Süden

Von München in den Süden – das ist auch für die Bewohner der bayerischen Hauptstadt ein Klassiker. Dafür gibt es viele gute Gründe, etwa das idyllische Isartal zwischen Bad Tölz und dem Karwendel sowie Garmisch-Partenkirchen mit der Zugspitze. Neben den Klassikern locken auch weniger bekannte Täler wie die ursprüngliche Jachenau oder das Graswangtal hinein in den dunklen Ammerwald. Natur und Kultur bieten hier ein außergewöhnliches Arrangement: die weltberühmten Passionsspiele in Oberammergau umgeben von stolzen Berggipfeln, das feudale Schloss Linderhof von König Ludwig II. im romantischen Graswangtal oder auf den Spuren von Gabriele Münter, Wassily Kandinsky und Franz Marc im Blauen Land rund um Murnau und den Kochelsee.

Dieses Buch enthält zwei weitere für Oberbayern typische Themen: Die fünfte Tour führt zu Brauereien und Biergärten, auf der sechsten sind wir auf der Deutschen Alpenstraße unterwegs.

Brauereien und Biergärten

Sie gehören zu Oberbayern wie der Chiemsee und die Zugspitze. Brauereien und Biergärten sind Kulturgut und ein Stück Lebensqualität. Heute mehr denn je, denn gerade die kleinen Landbrauereien erleben seit einigen Jahren eine bemerkenswerte Renaissance. Das hat viel mit der stark gewachsenen Nachfrage nach authentischen regionalen Produkten zu tun. Diese Route hat einige bekannte, aber auch einige wenig bekannte Brauereien und Biergärten zum Ziel, die echte bayerische Tradition repräsentieren. Als Fahrer oder Fahrerin kann man unterwegs alkoholfreie Biere genießen oder sich Produkte für zu Hause mitnehmen. Von München geht es ostwärts bis in die Gegend von Dorfen und Haag, dann weiter entlang der Bundesstraße B12 bis zum bekannten Wallfahrtsort Altötting. Von dort führt die Route südwärts bis Traunstein und nach Osten bis in die Gegend von Teisendorf und dem Waginger See, bevor es auf der letzten Etappe nach Berchtesgaden geht. Ein Tipp: Für die kleinen Brauereien und die idyllischen Biergärten sollten Sie sich Zeit nehmen, denn zu ihnen gehören viel Historie und interessante Geschichten. Und heutzutage sind viele Bierbrauer ausgesprochen kreativ unterwegs.

Die Deutsche Alpenstraße

Die Deutsche Alpenstraße quert die bayerischen Berge vom Bodensee bis zum Königssee. Und sie ist die Straße der Prominenz. Und zwar der berühmten Kultur- und Natursehenswürdigkeiten. Ein beträchtlicher Teil verläuft in West-Ost-Richtung durch Oberbayern. Wir starten unsere Tour im Passionsspielort Oberammergau, dann folgt das altehrwürdige Kloster Ettal, bevor es an der Zugspitze vorbei durch das Karwendel bis zum Walchensee und Kochelsee weitergeht. Bad Tölz mit dem oberen Isartal ist die nächste Etappe, bevor wir über den malerischen Sylvensteinstausee zum Tegernsee gelangen. Über den Schliersee kommt man ins Inntal, dann folgt ein Abstecher hinein in die Berge nach Reit im Winkl und Ruhpolding. Zuletzt schlängelt sich die Deutsche Alpenstraße in etlichen Kurven über Ramsau zum Königssee, ein wahrlich standesgemäßes Ziel.

Unterwegs mit dem eigenen Fahrzeug

Oberbayern ist eine beliebte Ausflugs- und Urlaubsregion. Viele schöne Strecken sind daher vor allem an den Wochenenden gut frequentiert. Das gilt vor allem für Routen, die von München aus Richtung Berge oder zu den bekannten Seen führen. Ein typisches Beispiel: der Weg von München über Holzkirchen und Weyarn zum Tegernsee, weiter zum Schliersee und nach Bayrischzell. Oder die Autobahn Richtung Garmisch im südlichsten Bereich vor Oberau. Man kann diese Flaschenhälse aber auch umgehen, indem man entweder unter der Woche fährt oder kleine Nebenstraßen bevorzugt. Die ausgewählten Routen sind so geplant, dass man überwiegend auf Nebenstraßen unterwegs ist. Die Strecke im Norden spielt sich größtenteils auf weniger befahrenen Straßen ab. Nur bei der Deutschen Alpenstraße ist man auf einem Klassiker unterwegs.

Wer mit einem **Wohnmobil** unterwegs ist, sollte sich darauf einstellen, dass es in den Bergen streckenweise etwas kurvig und eng werden kann. Das gilt vor allem für die Deutsche Alpenstraße, genau genommen für den Bereich zwischen Bayrischzell und Inntal. Bei Reisen mit einem **E-Auto** sollte man bedenken, dass in den Bergen die Reichweite wegen der Anstiege deutlich schrumpft, auch wenn die Rekuperation beim Bergabfahren wieder zusätzliche Kilometer beschert. Eine Liste mit öffentlichen Ladestationen findet man auf www.bayern-innovativ.de/seite/ladeatlas. Hotels mit Ladestationen listet die Webseite www.emobilhotels.com auf.

Die Deutsche Alpenstraße führt idyllisch durch das Werdenfelser Land.

Typisch Oberbayern

Dialekt

Kaum eine andere Region in Deutschland wird so sehr mit ihrem Dialekt verbunden wie Oberbayern. Damit verbindet man gemeinhin den klassischen bayerischen Dialekt. Genau genommen gibt es drei verschiedene bayerische Dialekte: das Nordbayerische, das Mittelbayerische und das Südbayerische. In Oberbayern dominiert das Mittelbayerische, das Südbayerische findet sich nur im grenznahen Bereich und ist stärker in Österreich vertreten. Die Grenzen sind dabei meist fließend. Im Westen changiert das Bayerische langsam zu schwäbischen Einflüssen und im Osten haben die Oberbayern durchaus Gemeinsamkeiten mit dem Oberösterreichischen, teils auch mit dem Salzburgischen. Deutlich ist der Unterschied zu den Tirolern, die wiederum eigene Begriffe und Aussprachen haben und das auch bewusst pflegen. In München hingegen ist es schon fast ein schwierig, jemanden mit einem echten bayerischen Dialekt zu finden.

Kommunikation

Der klassische Oberbayer und natürlich auch die Oberbayerin pflegen traditionell einen offenen und eher entspannten Umgang mit Fremden. In Gegenden, die wenig oder gar nicht touristisch erschlossen sind, ist das Du auch mit Fremden durchaus üblich. Gegrüßt wird mit »Griasdi« (Ich grüße dich), zum Abschied sagt man »Pfiati«, die Kurzform für »Behüt dich Gott«. Auch »Servus« ist sehr verbreitet, sowohl zur Begrüßung als auch zum Ab-

↑ In einem Chiemgauer Wirtshaus
↑ Wandmalerei beim Auzinger am Hintersee
↗ Eine herzhafte bayerische Brotzeit

schied. In den noch weitgehend authentischen Dörfern auf dem Land ist es übrigens üblich, dass man sich grundsätzlich auf der Straße grüßt, egal ob man sich kennt oder nicht. In den Städten ist das ganz anders. Und auch in touristischen Orten sind solche Bräuche weitgehend ausgestorben.
Als peinlich wird es angesehen, wenn Besucher, die des Dialektes nicht mächtig sind, versuchen, selbigen nachzusprechen. Das kann nicht gut ge-

hen und wird oft als billige Anbiederung verstanden. Außerdem ist es wichtig, zu wissen, dass es in klassischen Wirtshäusern auf dem Land einen Stammtisch gibt. Dort sitzen nur bestimmte Stammgäste. Sich als Fremder dort ungefragt zu platzieren, damit macht man sich nicht unbedingt beliebt. Wenn man die gerade genannten Punkte berücksichtigt und den Oberbayern mit freundlicher Gelassenheit begegnet, dann ist es auch nicht schwer, mit ihnen in Kontakt zu kommen. Und was man auch wissen sollte: Nicht in jedem Dirndl und in jeder Lederhose steckt auch ein echter Eingeborener. Die Tracht hat in den letzten Jahren enorm an Popularität gewonnen und wird vor allem in München als Fashion und Statussymbol gesehen, wenn es denn ein Exemplar der richtigen und exklusiven Trachtenschneiderei ist.

Essen und Trinken

Das Essen und Trinken spielt bei Reisen in Oberbayern naturgemäß eine wichtige Rolle. Hier geht es nicht etwa um die bayerische, sondern genauer genommen um die **altbayerische Küche**. In schwäbischen und fränkischen Regionen ist die Küche doch deutlich anders. In Oberbayern wie auch in Niederbayern und Teilen der Oberpfalz ist die Küche traditionell sehr bäuerlich geprägt. Gerade in Oberbayern sind auch deutliche Einflüsse der österreichischen Küche erkennbar. Grundsätzlich ist die traditionelle Küche recht deftig und fleischlastig. Schweinsbraten, Schweinshaxen, Weißwürste, Leberkäse und Schnitzel sind die Hauptdarsteller. Auch die Beilagen, etwa Knödel oder Kartoffelsalat, zählen nicht gerade zur leichten Küche. Nachvollziehen kann man das, wenn man berücksichtigt, dass Oberbayern früher sehr landwirtschaftlich geprägt war und die Menschen körperlich hart arbeiten mussten. Es sollte also immer herzhaft sein.

Das gilt auch für die **Brotzeiten**, übrigens eine bayerische Spezialität. Aber nicht nur hier. Die meist kalten Zwischenmahlzeiten kennt man auch in Österreich als Jause, in Südtirol als Marende und bei den Schwaben als Vesper. Bei den Brotzeiten speist der traditionsbewusste Oberbayer Semmeln, Brezen oder Brot mit Wurst und Käse, im Sommer auch Radi (Rettich). Beliebte Brotzeiten sind auch der Wurstsalat in der bayerischen Version mit Wurst, Marinade und reichlich Zwiebeln, die Schweizer Variante enthält zusätzlich schmale Käsestreifen.

Getrunken wurde dazu gewöhnlich **Bier** oder Radler, eine Mischung aus Bier und Limonade. Auf Autotouren sind natürlich alkoholfreie Getränke die bessere Alternative. Zum Glück gibt es mittlerweile ein umfangreiches Angebot an alkoholfreien Bieren. Bei den **Nachspeisen** ist der Einfluss der österreichischen Nachbarn unübersehbar. Der Kaiserschmarrn ist da ein Haupdarsteller, der allerdings von den Portionen her oft eine Hauptspeise abgeben dürfte. In Qualitätslokalen wird er frisch zubereitet, was eine gewisse Wartezeit bedingt. Darauf wird meist extra hingewiesen.

Die Ernährungsgewohnheiten sind auch in Oberbayern gesünder und bewusster geworden. Auch in klassischen Wirtshäusern werden leichte Gerichte, Vegetarisches und andere gut verdauliche Speisen angeboten. Mit einer Schweinshaxe im Bauch wird das Autofahren schon mal zu einer Tortur.

In **Biergärten** war es früher üblich, dass sich die Gäste ihr Essen mitbringen konnten. Sie sind vor den unterirdischen Lagern und Höhlen entstanden, in denen das Bier mangels technischer Möglichkeiten kühl deponiert und direkt vor dem Eingang ausgeschenkt wurde. Heute sind Biergärten in der Regel in einen Bedien- und einen Selbstbedienbereich aufgeteilt. Nur in Letzterem darf man selbst Mitgebrachtes essen, die Getränke werden beim Wirt gekauft, da gibt's keine Ausnahme.

Bräuche und Feste

Bayerische Bräuche und Festivitäten sind ein weites Feld und bieten genug Material für dicke Bücher. Zu den für Besucher besonders augenfälligen und beliebten Bräuchen gehören das Aufstellen der **Maibäume** Anfang Mai und der **Almabtrieb** zum Ende der Sommersaison, wenn die Kühe von der Alm mit feierlichem Schmuck zurück ins Tal und in den heimischen Hof gebracht werden. Anfang November spielt auch noch der **Leonhardiritt** eine wichtige Rolle, der ebenfalls landwirtschaftliche Hintergründe hat. Die Segnung der Tiere, die für die bäuerliche Arbeit gebraucht werden, wird mit dem entsprechenden Schutzpatron, dem Leonhard von Limoges, verbunden. Im Winter haben auch die **Perchten** und Buttnmandl Hochsaison, die vermummten Gestalten sollen böse Geister vertreiben.

Und dann spielen natürlich im Sommer und Spätsommer die großen und kleinen Bierfeste eine wichtige Rolle. Das Angebot reicht vom riesigen **Münchner Oktoberfest** bis zu vielen kleinen Festen, Seefesten und Waldfesten. Zu den populärsten Festen zählen das **Dachauer Volksfest**, das für seine günstigen Bierpreise bekannt ist, und das im Vergleich zum Oktoberfest recht überschaubare **Rosenheimer Herbstfest**.

Der Leonhardiritt in Bad Tölz gehört zu den großen Brauchtumsveranstaltungen im Oberland.

Die Skyline von Andechs mit dem Turm der Klosterkirche

Route 1

Berühmte Seen und ein heiliger Berg – der Westen

Route 1

Berühmte Seen und ein heiliger Berg – der Westen

Starnberger See und Ammersee, die beiden großen Seen südlich von München und auf halbem Weg Richtung Berge, bestimmen das Programm dieser Tour.

Sie erwartet eine Rundfahrt mit vielen Naturschönheiten, reichlich Glamour und Kultur. Zuerst geht es von München in südwestlicher Richtung durch das idyllische Würmtal und vorbei am Schloss Leutstetten nach **1 Starnberg**. Ein guter Anlass für eine Pause wäre ein Spaziergang durch die Fußgängerzone und an der Seepromenade. Weiter geht es dann aus der Stadt heraus am Ostufer entlang bis nach Berg und zum gleichnamigen Schloss. Die Straße hält zunächst etwas Abstand zum See, aber das ändert sich bald. Vorbei an vielen feudalen Villen und urigen Wirtshäusern führt die Tour zur Votivkapelle St. Ludwig in Berg, wo Ludwig II. ganz in der Nähe verstarb. Später begleitet die Straße das Seeufer, führt vorbei an etlichen Badeplätzen bis **2 Seeshaupt**, dem südlichsten Ort am Starnberger See. Von dort fahren wir am Westufer entlang nordwärts, streifen das altehrwürdige Kloster Bernried. Es folgen noch allerhand spektakuläre Sehenswürdigkeiten wie das Buchheim Museum der Phantasie oder die romantische Roseninsel direkt bei Feldafing. Danach verlassen wir den Starnberger See Richtung Westen, es geht weiter zum »Heiligen Berg« Oberbayerns in **3 Andechs**. Sowohl Kloster als auch Bräustüberl sind berühmte Ausflugsziele. Von dort sind es nur wenige Kilometer nach Herrsching und zum Ufer des **4 Ammersees**. Ob man rechts am Ufer entlang flaniert oder links Richtung Süden, bleibt jedem selbst überlassen. Zu sehen gibt es mehr als genug. Zum Abschluss lockt dann noch das »Rothenburg Oberbayerns«, **5 Landsberg am Lech** mit seinem eindrucksvollen historischen Zentrum. Hier sollte man sich Zeit für einen ausgiebigen Spaziergang nehmen. Es lohnt sich. Auch für Wohnmobile eine entspannte Tour ohne problematische Passagen.

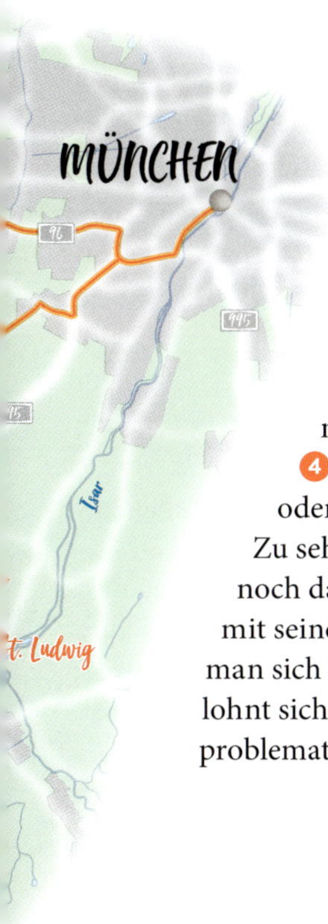

Die Votivkapelle am Ostufer des Starnberger Sees erinnert an Ludwig II.

1 Von München nach Starnberg

Eine stilgerechte, aber auch etwas zeitaufwendigere Anreise von München zum Starnberger See führt durch das Würmtal über Gauting, vorbei an dem nostalgischen **Forsthaus Mühlthal** und am bekannten Biergarten der Schlossgaststätte Leutstetten, dann streift man das Leutstettener Moos kurz vor Starnberg. Für Autofahrer ist Starnberg auf den ersten Blick kein pures Vergnügen. Zu viel Verkehr zwängt sich durch die Stadt, in der es keine Umgehungsstraße gibt. Am besten parkt man in Bahnhofsnähe, wo auch das Seeufer nicht weit ist, und beginnt einen Spaziergang durch das Zentrum und an der Seepromenade entlang. Über die Wittelsbacher Straße kommt man zur Fußgängerzone rund um den **Kirchplatz** und die stattliche und recht moderne Kirche St. Maria. Reizvoll ist auch ein Abstecher in die Possenhofener Straße zum **Museum Starnberger See**. Dort befindet sich in dem historischen Lochmannhaus samt modernem Zubau eine Ausstel-

DER BUCHSCHARNER SEEWIRT ist ein schöner Landgasthof in einem historischen Bauernhof mit guter bayerischer Küche und einem typischen Biergarten nur wenige Meter vom See entfernt. Buchscharnstraße 1, 82541 Münsing, Tel. 08801/2409, www.buchscharner-seewirt.com, tgl. ab 11.30 Uhr

lung über die Geschichte und Kultur von Starnberg. Eine wichtige Rolle spielt auch die Schifffahrt auf dem See. Eröffnet wurde das Museum bereits 1914 von Ludwig III., dem letzten bayerischen König.
Von Starnberg folgt die Tour dem Ostufer bis zum **Schloss Berg**, wo König Ludwig II. 1886 seine letzten Tage verbrachte. Heute ist es Privatbesitz des ehemaligen Königshauses der Wittelsbacher und kann nicht besichtigt werden. Nur ein paar Hundert Meter weiter südlich befindet sich eine der bekanntesten Sehenswürdigkeiten am See. Ein Kreuz im See, wenige Meter vom Ufer entfernt, erinnert an die Stelle, wo Ludwig gestorben sein soll. Zehn Jahre nach seinem Tod wurde in Gedenken an ihn die **Votivkapelle St. Ludwig** direkt am Hochufer gebaut. Entlang des Ostufers gibt es schöne Badestrände und vor allem zahllose Nobelvillen mit Seeblick. Typisch für diese Gegend sind die kleinen Fischerbetriebe, die ihre Produkte samt kleinen Imbissen verkaufen. Besonders exklusiv ist dann die Südliche Seestraße, die bei Ammerland beginnt, aber Richtung Ambach nur eingeschränkt befahrbar ist. Der letzte Abschnitt vorbei an Waldpassagen und schönen Badestränden, dann am Campingplatz Seeshaupt und einem neuen Luxushotel führt bis nach **Seeshaupt**.

2 Von Seeshaupt nach Possenhofen

Das Westufer des Starnberger Sees ist abgesehen von den Hauptorten Tutzing und Feldafing deutlich weniger besiedelt als das Ostufer, dafür aber reich an kulturellen Sehenswürdigkeiten. Bereits kurz nach Seeshaupt fährt man vorbei an weiten grünen Wiesen, die nur selten von Häusern unterbrochen werden. Eine stattliche Ausnahme ist das majestätische **Schloss Seeseiten** im Besitz des Milliardärs Baron von Finck. Knapp zehn Minuten später erreicht man das **Kloster Bernried**, das Ende des 19. Jahrhunderts von den Missions-Benediktinerinnen erbaut worden ist. Die Lage am See direkt neben einem Strandbad ist sehr reizvoll. Im Bildungshaus St. Martin kann man sich für Ruhetage im Kloster, Qi-Gong-Kurse und andere Aktivitäten einmieten. Kurz nach Bernried zweigt rechts die Zufahrt zur Parkanlage des **Buchheim Museums der Phantasie** ab. Das 1999 eröffnete Museum enthält die Kunstsammlung des verstorbenen Lothar-Günther Buchheim mit zahlreichen Werken bedeutender Expressionisten und eigenen Arbeiten. Dass hier viele ungewöhnliche Objekte zu Hause sind, erkennt man bereits auf dem Gelände vor dem Eingang mit einem bunten Helikopter und einem von Kraken umspannten alten BMW. Direkter Nachbar ist die Klinik Höhenried mit dem **Schloss Höhenried**. Letzteres hatte die einstige Besitzerin Wilhelmina Busch von der Anheuser-Busch Brauerei in den 1930er-Jahren bauen lassen. Später erwarb die LVA das Areal und errichtete eine Klinik. Das Schloss kann für Feiern und Firmenveranstaltungen gebucht werden.

Die romantische Roseninsel liegt direkt vor Feldafing.

↑ Am Eingang zum Buchheim Museum der Phantasie
↗ Im Schloss Possenhofen wuchs Kaiserin Elisabeth auf.

Tutzing ist der größte Ort am Westufer des Starnberger Sees. Bekannt ist der Ort auch für die Evangelische Akademie Tutzing, die in den Bereichen Politik und Kultur sehr aktiv ist. Ihr Sitz befindet sich im stattlichen **Schloss Tutzing**, das früher auch zum Familienbesitz des Oetker-Konzerns gehörte. Ein guter Platz zum Flanieren ist die Brahmspromenade am See, die man leicht vom Stadtzentrum aus zu Fuß erreichen kann. Sie führt bis zum **Midgardhaus**. In der eleganten Villa direkt am See ist ein Restaurant mit internationaler Küche untergebracht, auch ein schöner Biergarten vor dem Haus gehört dazu. Über Feldafing geht es vorbei am Golfplatz weiter nordwärts bis Possenhofen. Im noblen **Schloss Possenhofen**, einst Elternhaus der Kaiserin Sisi, befinden sich heute private Luxuswohnungen. In Possenhofen auf der Westseite der Hauptstraße gibt es auch für Wohnmobile gute Parkmöglichkeiten.

BEI FELDAFING AM SEEUFER direkt beim Golfplatz kann man sich mit historischen Booten zur nahen Roseninsel fahren lassen. Die kleine Insel mit der historischen Villa, auf der sich einst Sisi und Ludwig II. trafen, bietet viel Romantik und einen schönen Blick über den See (Infos zur Fähre: www.roseninsel.bayern, Mai, Mitte Sept.–Mitte Okt. tgl. 11–18, Juni–Mitte Sept. tgl. 10–18 Uhr).

EIN FALL FÜR ROMANTIKER ist das Hotel Kaiserin Elisabeth am Südrand von Feldafing. Dort logierte einst Sisi auf Heimaturlaub. Auf der großen Terrasse kann man stilvoll tafeln. Gute, klassische Küche. Tutzinger Straße 2, 82340 Feldafing, Tel. 08157/93090, www.kaiserin-elisabeth.de, tgl. 12–14, 18–12 Uhr

Was für eine Lage! Feine Küche und der Tutzinger Biergarten direkt am See beim Midgardhaus.

3 Bier und Benediktiner in Andechs

Andechs ist für viele Einheimische, aber auch für zahlreiche Gäste nicht nur irgendein, sondern der Wallfahrtsort schlechthin. Das mag mit seinen religiösen oder spirituellen Qualitäten zu tun haben. Aber natürlich spielen auch die gastronomischen Angebote eine wichtige Rolle. Dass das **Kloster Andechs** samt Kirche und Gasthof auf einem Hügel nicht weit vom Ostufer des Ammersees thront, macht es zur perfekten bayerischen Alltagsflucht. Doch der Reihe nach: Angefangen hat die Geschichte von Andechs mit der Gründung des Benediktinerklosters im Jahr 1455. Vorher residierten hier die Grafen von Andechs. Nach der Auflösung im Jahr der Säkularisation 1803 wurde das Kloster 1850 unter der Regie von König Ludwig I. von Bayern neu gegründet. Benediktiner sind bekanntermaßen weltlichen Dingen nicht ganz abgeneigt, weshalb sie früh verstanden, sich mit der Bierproduktion etwas dazu zu verdienen. Heute ist die **Brauerei Andechs** vor allem für ihren kräftigen Doppelbock berühmt. Ausgeschenkt wird es im **Bräustüberl**, das ebenso wie die benachbarte Klosterkirche ein gefragtes Ziel der Wallfahrer ist. Im Lokal ist man sehr traditionsbewusst, was sich auch auf die Öffnungszeiten auswirkt. Da hält man sich an den Tagesrhythmus der Mönche und beendet die Schankzeit mit dem Nachtgebet, also um 20 Uhr. Danach dürfen die Gäste noch eine Stunde bis zum Kehraus sitzen bleiben. Die Küche ist herzhaft, die Preise für eine so bekannte Lokalität zivil. Und es gibt selbstverständlich auch alkoholfreie Getränke. Außerdem kann man sich im Kaffeehaus mit süßen Köstlichkeiten versorgen lassen und im **Klosterladen** erhält man sakrale Utensilien, aber auch Andechser Bier und Schnaps. Von dort sind es nur wenige Schritte zur **Wallfahrtskirche**, die im

Atemberaubender Blick vom Kloster Andechs Richtung Alpen

Der heilige Berg mit dem Kloster Andechs ist ein beliebtes Ausflugsziel.

EINEN GUTEN KILOMETER südlich des Klosterbergs befindet sich eine weitere Andechser Spezialität. »Andechser Natur« ist der Markenname der Molkerei Scheitz, die früh auf Bioprodukte gesetzt hat und landesweit erfolgreich ist. Es gibt zwar keinen Fabrikverkauf, dafür aber in der Nähe einen Hofladen. Biomilchstraße 1, 82346 Andechs, Tel. 08152/3790, www.andechser-natur.de

frühen 15. Jahrhundert im spätgotischen Stil erbaut wurde. Mitte des 18. Jahrhunderts wurde das Innenleben von Johann Baptist Zimmermann ganz im Stil des Rokoko umgestaltet.
Das Kloster Andechs ist auch ein Veranstaltungsort. Bis 2015 fanden hier die Carl-Orff-Festspiele statt. Carl Orffs Asche wurde in der Schmerzhaften Kapelle der Wallfahrtskirche beigesetzt. Mit dem repräsentativen Fürstentrakt, dem Florian-Stadl und dem ehemaligen Pferdestall gibt es drei attraktive Räumlichkeiten auch für große Gesellschaften. Zum Programm gehören klassische Feiern und Exerzitien, Konzerte, das Symposium »Kunst und Bier« sowie Flohmärkte.

4 Rund um den Ammersee

Von Andechs sind es nur gute fünf Kilometer bis nach **Herrsching** am Ufer des Ammersees. Dieser ist mit 47 Quadratkilometern Fläche der drittgrößte See in Bayern, nach dem Chiemsee und seinem Nachbarn, dem Starnberger See. Erstaunlich und heute nur noch bedingt nachvollziehbar ist, dass der Ammersee früher den Beinamen Bauernsee bekam, während der Starnberger See als Herren- oder Fürstensee tituliert wurde. Tatsächlich war es vor 100 Jahren so, dass es bei betuchten Münchnern als schick galt, sich stattliche Villen am Starnberger See zu leisten. So viele Schlösser wie am Starnberger See gibt es hier nicht, aber der Ammersee hat mächtig aufgeholt, was vor allem in Herrsching gut nachvollziehbar ist. Seit 1903 existiert eine Bahnverbindung nach München und seit dem Ausbau der S-Bahn 1972 bis nach Herrsching ist der Ammersee für Münchner Besucher noch einfacher erreichbar. Hier gibt es elegante Villen und gediegene Hotels und die längste Strandpromenade Deutschlands mit gut zehn Kilometern. Auf der See-

↑ Dampferausflug auf dem Ammersee (oben)
↑ Jeder größere Ort am Ammersee hat eine Schiffsanlegestelle.
↗ Das Kurparkschlösschen in Herrsching

promenade am Kurpark kommt man am **Kurparkschlösschen** vorbei. Der Kunstmaler Ludwig Scheuermann ließ es Ende des 19. Jahrhunderts nach dem Vorbild italienischer Palazzi erbauen. Heute gehört das Schlösschen der Gemeinde Herrsching und wird für Veranstaltungen genutzt. In Herrsching kann man nicht nur schön flanieren und baden. Vom Hafen aus ist es auch möglich, den Ammersee vom Wasser aus kennenzulernen: mit der **Bayerischen Seeschifffahrt**. Weitere Anlegestellen gibt es unter anderem

Das Deckengemälde im Marienmünster Mariä Himmelfahrt in Dießen am Ammersee

GUT EINKEHREN KANN MAN speziell am Nordufer. Beste Aussichten auf den See Richtung Berge bieten das Restaurant Fischer in Stegen (Landsberger Straße 80, 82266 Stegen, Tel. 08143/992800, www.fischer-ammersee.com) und das benachbarte Seehaus Schreyegg (Landsberger Straße 78, 82266 Stegen, Tel. 08143/992537, www.seehaus-schreyegg.com).

in Dießen, Utting, Schondorf, Stegen und Breitbrunn. Wer den Ammersee mit dem Auto umrundet, ist dabei fast immer in Ufernähe unterwegs. Fährt man im Uhrzeigersinn um den See, so kommt man im Süden am Ammer-Zufluss und an einem Vogelschutzgebiet direkt vor **Dießen** vorbei. Der Ort hat auch wegen seiner zahlreichen Töpfereien den Ruf, ein Handwerkerdorf zu sein. Dabei hat Dießen eine lange touristische Tradition: Schon 1898 gab es einen ersten Bahnanschluss und zur Jahrhundertwende einen regen Kurtourismus. Das Wahrzeichen ist das Marienmünster, das bis zur Säkularisation Teil eines Augustiner Chorherrenstifts war. Ein weiterer interessanter Ort ist die **Benediktinerinnenabtei von St. Alban** direkt am See. Zu dem Kloster haben auch Gäste Zugang, die für eine bestimmte Zeit am Klosterleben teilnehmen wollen. In Holzhausen, etwa mittig am Westufer gelegen, bietet sich zudem ein Besuch des **Künstlerhauses Gasteiger** an. Die schöne Jugendstilvilla und ehemaliger Wohnsitz des Künstlerpaares Matthias und Johanna Gasteiger ist heute ein Museum und Veranstaltungsort. Direkt daneben befindet sich übrigens das alte Polizeibad, heute ein beliebtes Strandbad.

Die Benediktinerinnenabteil im Dießener Ortsteil St. Alban

5 Die verkannte Schönheit Landsberg am Lech

Eine oftmals unterschätzte Attraktion ist die Kreisstadt am Lechufer. Landsberg am Lech wird wegen seines historischen Stadtkerns mit vielen wertvollen Bauwerken auch gerne das »oberbayerische Rothenburg« genannt. Diese Attraktivität verdankt die Stadt dem Umstand, dass bereits vor rund 2000 Jahren der römische Kaiser die **Via Claudia Augusta** bauen ließ, die sich zu einer wichtigen Handels- und Militärstraße entwickelte. Das brachte Wohlstand in die Gegend, der im Mittelalter durch den Salzhandel weiter florierte. Ein Verkehrsknotenpunkt direkt an der Autobahn München–Lindau und der Bundesstraße zwischen Augsburg und Füssen ist Landsberg auch heute noch. Einzig und allein zum Vorbeifahren ist die Stadt aber zu schade.
Parken Sie zum Beispiel in der Tiefgarage in der Lechstraße. Dort gibt es auch Lademöglichkeiten für E-Autos. Von hier sind es nur wenige Schritte zum zentralen Marktplatz und zum Georg-Hellmair-Platz. Am **Hauptplatz** begegnet man mit dem Marienbrunnen und dem historischen Rathaus mit seiner prachtvollen Stuckfassade von Domenikus Zimmermann zwei der bekanntesten Attraktionen der Stadt. Im Rathaus hängen große Gemälde von Hubert von Herkomer, hier werden heutzutage Stadtratssitzungen abgehalten und Trauungen vollzogen. Nur ein paar Meter entfernt steht der **Schmalzturm**, der bis auf das 13. Jahrhundert zurückgeht und auf der Nordseite des benachbarten Georg-Hellmair-Platzes befindet sich die **Stadtpfarrkirche Mariä Himmelfahrt** aus dem 15. Jahrhundert, die für besonders wertvolle Glasmalereien bekannt ist. Vom Schmalzturm führt eine schmale, kopfsteingepflasterte Gasse leicht bergauf zur mächtigen **Heilig-Kreuz-Kirche**. Sie wurde im 16. Jahrhundert als Jesuitenkirche erbaut und im 18. Jahrhundert im Stil des Rokoko neu gestaltet. Das Innenleben ist entsprechend prachtvoll und verspielt.

DAS RESTAURANT AM HEXENTURM direkt neben dem Hauptplatz ist ein typisches Lokal mit rustikaler Innenausstattung und guter bayerischer und schwäbischer Küche. Vordere Mühlgasse 190, Landsberg am Lech, Tel. 08191/1874, www.restaurant-am-hexenturm.de, tgl. 11–14.30 und 17.30–23 Uhr

↑ In der Altstadt von Landsberg am Lech (oben)
↑ Der Mutterturm erinnert an den Künstler Hubert von Herkomer.
↗ Der breite Lech direkt bei Landsberg

Hubert von Herkomer (1849–1914) bereicherte nicht nur Kirchen mit seinen Gemälden, er gestaltete auch den recht eigenwillig anmutenden **Mutterturm** am Westufer des Lechs. Der bei Landsberg geborene Maler war eine interessante Persönlichkeit, lebte rund drei Jahrzehnte in England und war ein Pionier des Motorsports. Mehr zu seiner ungewöhnlichen Lebenswerk erfährt man im Herkomer Museum im ehemaligen Wohnhaus inklusive Mutterturm. Die Rückfahrt nach München erfolgt über Fürstenfeldbruck.

Auf einen Blick

Region: Starnberger See, Ammersee
Beste Reisezeit: Mai–Oktober

Touristinfo Starnberg:
www.starnbergammersee.de

AKTIV UNTERWEGS

Museum Starnberger See: Possenhofener Straße 5, 82319 Starnberg, Tel. 08151/4477570, www.starnberg.de, Di–So 10–17 Uhr
Forsthaus Mühlthal: Mühltal 124, 82319 Starnberg, Tel. 0176/31402476, www.forsthaus.bayern, Di–So 11–22 Uhr
Bildungshaus St. Martin im Kloster Bernried: Klosterhof 8, 82347 Bernried, www.bildungshaus-bernried.de
Buchheim Museum der Phantasie: Am Hirschgarten 1, 82347 Bernried am Starnberger See, Tel. 08158/99700, www.buchheimmuseum.de, Sommer Di–So 10–18, Winter bis 17 Uhr
Midgardhaus: Midgardstraße 3–5, 82327 Tutzing, 08158/1216, i. d. R. Di–So 12–22, Biergarten tgl. 11–21 Uhr
Kloster Andechs: Bergstraße 2, 82346 Andechs, Tel. 08152/376, www.andechs.de
Benediktinerinnenkloster von St. Alban: St. Alban 3, 86911 Dießen am Ammersee, www.kloster-st-alban.de
Künstlerhaus und Künstlergarten Gasteiger: Eduard-Thöny-Straße 43, 86919 Holzhausen, Tel. 08806/699, www.schloesser.bayern.de > Schlösser > Holzhausen
Mariä Himmelfahrt: Ludwigstraße 167, 86899 Landsberg am Lech
Herkomer Museum und Mutterturm: Von-Kühlmann-Straße 2, 86899 Landsberg am Lech, Tel. 08191/128251, www.herkomer.de, Mai–Okt. Di–So 13–18, Nov.–April Sa, So 12–17 Uhr

Im Biergarten des Bräustüberls in Andechs

ÜBERNACHTUNG

Jugendherberge Possenhofen: Kurt-Stieler-Straße 18, 82343 Pöcking-Possenhofen, Tel. 08157/996611, www.jugendherberge.de **€**
Landhotel Endhart: Erpftinger Straße 19, 86988 Landsberg am Lech, Tel. 08191/92930, www.landhotel-endhart.de **€€**
Hotel Kaiserin Elisabeth: Tutzinger Straße 2, 82340 Feldafing, Tel. 08157/93090, www.kaiserin-elisabeth.de **€€€**

STELL- UND CAMPINGPLÄTZE

Camping Seeshaupt: St.-Heinricher-Straße 127, 82402 Seeshaupt am Starnberger See, Tel. 08801(9146880, www.camping-seeshaupt.com
Camping Utting am Ammersee: Im Freizeitgelände 5, 86919 Utting am Ammersee, Tel. 08806/7245, www.ammersee-campingplatz.de
Campingplatz St. Alban: Seeweg-Süd 85, 86911 Dießen am Ammersee, Tel. 08807/7305, www.camping-ammersee.de
Wohnmobilstellplatz Andechs: Seefelder Straße 21, 82346 Andechs, Tel. 0171/4967238, www.wohnmobilstellplatz-andechs.de

Hopfenfelder und ruhige, kurvige Landstraßen sind typisch für die Hallertau.

Route 2

Von München an die Donau – der Norden

Route 2

Von München an die Donau – der Norden

Von München aus zieht es die Menschen in der Freizeit fast immer Richtung Süden und zu den Bergen. Dabei hat die Gegend nördlich von München viel zu bieten.

Route 2

Nördlich von München erwartet Sie viel Natur, Kultur und Gastronomie. Außerdem ist die Gefahr, in einem Stau zu landen, wesentlich geringer als im Süden. Im Gegenteil. Auf der Fahrt durch das Dachauer Moos, die Hallertau oder Richtung Donauufer genießt man wenig befahrene Straßen und begegnet schönen, authentischen Dörfern in der oberbayerischen Provinz.

Die Tour beginnt in München und führt zuerst nach ❶ **Dachau**, das kaum 20 Kilometer nördlich von München liegt, aber eine sehr eigenständige Stadt mit renommierten Sehenswürdigkeiten und einer attraktiven Altstadt ist. Danach tauchen wir in das oberbayerische Landleben ein, fahren weiter nach Norden und besuchen die Spargelstadt ❷ **Schrobenhausen** auf halbem Weg Richtung Donau. Schrobenhausen sollte man nicht unterschätzen. Die Stadt hat ein sehenswertes historisches Zentrum und viel Kultur zu bieten. Sie ist die Heimatstadt des berühmten Porträtmalers Franz von Lenbach, dem dort auch ein Museum gewidmet ist. Nun fahren wir weiter über Neuburg an der Donau in die in den letzten Jahrzehnten so dynamisch gewachsene Metropole ❸ **Ingolstadt**. Dort gibt es viel zu sehen, etwa das Audi Forum mit Automuseum und Kulturprogramm sowie ganz besonders die Altstadt von Ingolstadt samt Münster, Basilika und dem Neuen Schloss. Es gibt genug Angebote für eine längere Pause. Danach darf es wieder etwas gemütlicher werden. Die Tour kreuzt auf dem Weg nach Süden die ❹ **Hallertau**, die berühmte Hopfenanbaugegend, in der sich vieles ums Bier dreht inklusive Brauereien und Wirtshäusern, ein Paradies für Freunde bayerischer Bierkultur. Die kurvenreichen und wenig befahrenen Landstraßen bieten reichlich Fahrspaß. Nach einem Zwischenstopp in der einstigen Kulturmetropole ❺ **Freising** und vorbei am Flughafen geht es schließlich zurück nach München. Eine schöne Landpartie, die auch mit Wohnmobilen gut zu meistern ist.

1 Dachau, mehr als nur Münchner Vorort

Es sind keine 20 Kilometer vom Münchner Zentrum bis nach Dachau. Trotzdem ist die Stadt mit rund 47 000 Einwohnern kein Vorort von München, sondern eine sehr eigenständige Metropole. Die bekanntesten Sehenswürdigkeiten sind das **Schloss Dachau**, das aus einer mittelalterlichen Burg hervorgegangen ist und dem bayerischen Hochadel als Sommerresidenz diente. Besonders eindrucksvoll ist der Festsaal mit der Holzdecke im Renaissancestil, der auch für Konzerte und andere Veranstaltungen genutzt wird. Sehenswert ist auch der weitläufige Hofgarten, eine Parkanlage im Renaissancestil mit Obstbäumen und einem Bienengarten. Vom Hofgarten aus hat man auch einen schönen Ausblick nach Süden Richtung Berge. Zu den klassischen Sehenswürdigkeiten im Zentrum von Dachau gehört die Altstadt mit prachtvollen historischen Bürgerhäusern und der **Pfarrkirche St. Jakob** mit ihrem 44 Meter hohen, achteckigen Turm. Erbaut wurde sie im frühen 17. Jahrhundert im Stil der Renaissance.
Mit dem Namen Dachau verbindet man auch das ehemalige **Konzentrationslager**, das 1933 als erstes Lager dieser Art auf dem Gelände einer ehemaligen Pulver- und Munitionsfabrik errichtet worden ist. An diese schrecklichen Ereignisse erinnert die Gedenkstätte am Ostrand von Dachau. Die Anlage ist über den Weg des Erinnerns mit dem Zentrum verbunden und umfasst unter anderem das Lagergefängnis, die Baracke, das Krematorium und das ehemalige Wirtschaftsgebäude mit der Hauptausstellung. Der Eintritt in die Gedenkstätte ist kostenlos.

Das Schloss Dachau mit seinem prunkvollen Hofgarten war früher eine Sommerresidenz der Wittelsbacher.

Die Gedenkstätte des ehemaligen Konzentrationslagers in Dachau

Was weniger bekannt ist, das ist die Geschichte Dachaus als europaweit renommierte Künstlerkolonie. Ab der Mitte des 19. Jahrhunderts zog es viele Kunstmaler, darunter berühmte Vertreter wie Franz Marc, Wilhelm Leibl, Max Liebermann, Carl Spitzweg und Adolf Hölzel nach Dachau, das neben Worpswede zur bedeutendsten Adresse für Künstler wurde. Davon zeugen heute noch die zahlreichen **Galerien** in der Stadt, etwa die Gemäldegalerie Dachau, die Galerie der Künstlervereinigung Dachau (KVD), die Neue Galerie und die Kleine Altstadtgalerie. Damals spielte die Landschaftsmalerei eine wichtige Rolle, was viel mit dem nahen **Dachauer Moos** zu tun hat, Eine vielfältige Niedermoorlandschaft mit umfangreicher Flora, mit Kiefernwäldern, Streuwiesen, kleine Bachläufen und Seen, die sich nördlich der Stadt ausbreitet und an das Freisinger und Erdinger Moos angrenzt. Das Naturschutzgebiet ist heute ein beliebtes Wandergebiet.

IM RESTAURANT IM SCHLOSS DACHAU ist eine stilgerechte Einkehr bei einem Besuch der historischen Anlage garantiert. Hier gibt es neben bayerischer Küche ein gutes Angebot an hausgemachten Kuchen. Schlossstraße 2, 85221 Dachau, Tel. 08131/2607818, www.schlossdachau.com, i. d. R. Mi–Sa ab 14, So ab 12 Uhr

GANZ IN DER NÄHE, nur rund neun Kilometer weiter östlich, steht das Schloss Schleißheim, eine opulente Anlage mit insgesamt drei Schlössern, die einst Sommerresidenz der Wittelsbacher war und heute Galerien und historische Sammlungen beherbergt. Max-Emanuel-Platz 1, 85764 Schleißheim, Tel. 089/3158720, www.schloesser-schleissheim.de, Schlösser April–Sept. Di–So 9–18, Okt.–März Di–So 19–16, Hofgarten Nov.–Feb. tgl. 8–17, März, Okt. tgl. 8–18, April, Sept. tgl. 8–19, Mai–Aug. tgl. 8–20 Uhr

Das Schloss Schleißheim beherbergt heute die Staatsgalerie.

Schrobenhausen ist berühmt für seinen exzellenten Spargel.

2 Im Spargelparadies Schrobenhausen

Die Kleinstadt liegt etwa auf halbem Weg zwischen Dachau und Neuburg an der Donau. Es gibt wohl kaum eine Stadt in Oberbayern, die eine derart eindeutige Zuordnung hat wie Schrobenhausen. Wer Schrobenhausen hört, denkt als Erstes natürlich an den **Spargel**. Für den sind die Stadt und ihre Umgebung berühmt, ja fast weltberühmt. Angebaut wird das Stangengemüse hier seit mehr als 100 Jahren. Warum der Schrobenhausener Spargel so besondere Qualitäten hat, das liegt angeblich an den besonderen Sandböden in der Gegend, die einen ausgeprägten Anteil an Lehm und Schluff haben. Die Spargelsaison beginnt je nach klimatischem Verlauf des Frühlings etwa Mitte April und dauert bis Ende Juni. Dann kommen nicht nur Saisonarbeiter zum Spargelstechen zu den 600 Spargelbauern in Schrobenhausen und Umgebung, es pilgern auch viele Spargelliebhaber hierher, die direkt beim Bauern einkaufen und/oder in einem der zahlreichen Gasthäuser direkt an der Quelle fein speisen wollen. Klar, dass die hiesigen Wirte dann auch spezielle Angebote auflegen. Der Schrobenhausener Spargel besitzt übrigens das von der EU geschützte geografische Herkunftssiegel g.g.A. Und Spargel ist nicht die einzige Spezialität in und um Schrobenhausen. Bekannt ist die Gegend auch für seine Kartoffeln. Rund ein Fünftel aller in Bayern geernteten Kartoffeln kommt aus der Schrobenhausener Region.

AM RANDE DER ALTSTADT steht der Bauern Bräu, ein bodenständiger Hotel-Gasthof mit schönem Biergarten und klassischer bayerischer Küche. Mit Kinderspielplatz. In der Lachen 2, 86529 Schrobenhausen, Tel. 08252/881200, www.altstadthotel-schrobenhausen.de

Wer der Altstadt einen Besuch abstatten will, die ringförmig vom Langwiesgraben umgeben ist, der kann sein Auto ein paar Meter außerhalb parken, etwa beim Busbahnhof oder bei der Klosterkirche, und dann auf der breiten und kopfsteingepflasterten **Lenbachstraße** durch das Zentrum schlendern, unter anderem vorbei an der Frauenkirche. Dass die Hauptstraße nach dem berühmten Maler benannt ist, ist kein Zufall. Lenbach wurde 1836 als Sohn eines Maurermeisters in Schrobenhausen geboren, hatte 16 Geschwister, absolvierte eine Ausbildung an der Akademie der Bildenden Künste in München und zog mit 24 Jahren nach Weimar. In Schrobenhausen spielt Lenbach bis heute eine wichtige Rolle. Bereits 1936 eröffnete seine Witwe ein Museum in seinem Geburtshaus in der Ulrich-Peißer-Gasse. Dort sind frühe Werke Lenbachs und zahlreiche Möbel und Erinnerungsstücke aus seiner Zeit ausgestellt. Läuft man vom **Lenbachmuseum** weiter nach Süden, so kommt man zum zweiten wichtigen Museum der Stadt, das dem Spargel gewidmet ist. Im **Amtsturm**, der Teil der historischen Stadtmauer ist, erfährt man vieles über den Anbau, die Qualitäten des Spargels und die Zubereitung, außerdem sind historisches Arbeitsgerät und Geschirr ausgestellt.

Der Amtsturm gehört zur historischen Stadtmauer von Schrobenhausen.

Der 40 Meter hohe Turm der Frauenkirche in der Hauptstraße von Schrobenhausen

Die Donau bei Ingolstadt mit dem Klenzepark und den historischen Festungsanlagen

Das Alte Rathaus im Zentrum von Ingolstadt ist ein architektonisches Schatzkästchen.

3 Im Zeichen der Ringe in Ingolstadt

Ein Zwischenstopp in Ingolstadt lohnt aus vielen Gründen. Einmal ist die Stadt an der Donau der Aufsteiger unter den oberbayerischen Metropolen, die Einwohnerzahl stieg von knapp 100 000 in den 1990er-Jahren bis heute auf rund 136 000. Ingolstadt bietet eine reizvolle Mischung aus traditionsreicher Stadt mit vielen historischen Attraktionen und den Errungenschaften eines erfolgreichen Wirtschaftsstandorts mit Audi als Aushängeschild. Zu den herausragenden Sehenswürdigkeiten im Zentrum gehört das **Liebfrauenmünster** in der Kreuzstraße. Begonnen wurde der Bau der spätgotischen Hallenkirche 1425, abgeschlossen wurde er erst 100 Jahre später. Beim Südturm werden geführte Begehungen angeboten. Zweiter wichtiger Sakralbau ist die gotische **Franziskanerbasilika** am nördlichen Rand der Altstadt. Sie war Teil einer Klosteranlage, die im 13. Jahrhundert entstand und heute von den Kapuzinern bewirtschaftet wird. Mittendrin ist der Rathausplatz die zentrale Anlaufstelle, das **Alte Rathaus** die unübersehbare Attraktion. Ursprünglich im 14. Jahrhundert erbaut, wurde sie im späten 19. Jahrhundert von Gabriel von Seidl im Stil der Renaissance umgestaltet. Bei der Gelegenheit sollte man es sich nicht entgehen lassen, an einer geführten Tour auf den Pfeifturm teilzunehmen, den alten Wachturm des Alten Rathauses. Termine sind jeweils um 10.30 und 11.30 Uhr von April bis Oktober. Allein der Aussicht wegen lohnt es sich. Nicht zu übersehen ist auch das **Neue Schloss**, das die Wittelsbacher im Stil französischer Prunkschlösser bauen ließen und in dem heute das Bayerische Armeemuseum eingerichtet ist und Räumlichkeiten auch für Konzerte genutzt werden. Dass Geschichte informativ und unterhaltsam sein kann, das beweist die Alte Anatomie, ein herrschaftlicher Barockbau aus dem frühen achten

Tipp

Nordwestlich des Zentrums auf der Ostseite der Autobahn A9 liegt das **Ingolstadt Village**, ein über 10 000 Quadratmeter großes Outletcenter mit vielen Nobelmarken. Wer vom Shoppen hungrig wird, auf den warten zahlreiche Restaurants und Food-Pop-Ups. Otto-Hahn-Straße 1, 85055 Ingolstadt, Tel. 0841/8863101, www.tbvsc.com, Mo–Sa 10–20 Uhr

Jahrhundert, in dem sich das **Deutsche Medizinhistorische Museum** befindet. In den Ausstellungen erfährt man viel über frühe Behandlungs- und Operationsmethoden, die nicht immer feinfühlig waren. Dazu gehört auch der Duft- und Tastgarten mit zahlreichen Pflanzen, die in der Medizin zum Einsatz kommen.
Das **Audi Forum** befindet sich rund zwei Kilometer nördlich der Altstadt und bietet eine Erlebniswelt der Marke mit den vier Ringen. Neben Gastronomie und Werksführungen kann man sich auch noch einen Ausflug in das Audi Museum gönnen. Dort erfährt man viel über die Geschichte von Audi und bekommt zahlreiche Autos und Motorräder zu sehen.

4 Die Hallertau, eine bierige Gegend

Hier dreht sich fast alles um Hopfen und damit um Bier. Die Hallertau ist das weltweit größte zusammenhängende Hopfenanbaugebiet, verteilt sich auf 2400 Quadratkilometer im Bereich zwischen Donau und Isar. Typisch für die leicht hügelige Gegend sind die hohen Hopfenstangen, die zehn Meter und mehr hoch sein können und zwischen denen Drähte gespannt sind, um die sich der Hopfen ranken kann. Zu den Hauptorten gehören Abensberg, Geisenfeld, Mainburg, Pfaffenhofen an der Ilm und Wolnzach. Wie wichtig der Hopfen hier nicht nur wirtschaftlich ist, das unterstreicht auch die Zahl der verschiedenen Hopfenmuseen. Da gibt es das **Deutsche Hopfenmuseum in Wolnzach**, das Hopfenmuseum im Stadtmuseum in Mainburg, das Hallertauer Hopfen- und Heimatmuseum in Geisenfeld und das Heimatmuseum Hörgertshausen, wo der Hopfen eine Hauptrolle spielt. In Wolnzach kann man sich zum Beispiel recht ausführlich mit Bier beschäftigen, hier werden Bierseminare und Verkostungen angeboten. Dazu erfährt man viel über internationale Bierspezialitäten, kann sich auch ein Hallertauer Biermenü auftischen lassen. Hier an der Quelle gibt es natürlich etliche Brauereien und Wirtshäuser, die sich ganz der Bierkultur verschrieben haben. Zu den bekanntesten Brauereien gehören die Bayerische Staatsbrauerei Weihenstephan, die Klosterbrauerei Weltenburg, die Weißbierbrauerei Kuchlbauer und die Klosterbrauerei Scheyern.
Aber es gibt auch noch andere Attraktionen neben dem Hopfen und dem Bier, zum Beispiel das **Kloster Weltenburg** ein Stück oberhalb des spekta-

Die hohen und dicht bewachsenen Hopfenstangen sind typisch für die Hallertau.

Das Deutsche Hopfenmuseum in Wolnzach ist einen Besuch wert.

kulären Donaudurchbruchs. Alternativ bietet sich ein Streifzug durch die sehenswerte Altstadt von Abensberg mit dem **Stadtmuseum** im historischen Herzogskasten, einem historischen Lagerhaus im gotischen Stil, an. Oder die gut 900 Jahre alte **Benediktinerabtei Scheyern**, zu der neben einer Brauerei samt Klosterschenke auch eine Metzgerei, eine Käserei und eine Schnapsbrennerei gehören. Aktuell können nur Männer Urlaub im Kloster machen.

EIN TYPISCHER UND BESONDERS eindrucksvoller Vertreter der Hallertauer Bierkultur ist die Weißbierbrauerei Kuchlbauer in Abensberg. Sie zählt zu den ältesten Brauereien weltweit und ist auch bekannt für den fantasievollen Brauereiturm, der nach Plänen von Friedensreich Hundertwasser erbaut wurde. Hier werden auch Führungen angeboten. Römerstraße 1–5, 93326 Abensberg, Tel. 09443/910150, www.kuchlbauer.de, Führungen März Mi 15, Sa, So 11, 13 und 15, April–Okt. tgl. 11, 13 und 15 Uhr

5 Was für eine fromme Stadt: Freising

Die Stadt Freising, die gut 30 Kilometer nordöstlich von München liegt, als Vorort der bayerischen Metropole zu bezeichnen, wäre ungerecht. Dazu hat die Stadt zu viel eigenständige Historie. Bedeutend wurde sie früh als Herzogs- und später Bischofssitz. Allerdings verlor Freising nach der Säkularisation viel Bedeutung an die Münchner Nachbarn. Von der großen Geschichte zeugen heute noch die sehenswerte Altstadt mit vielen stattlichen Bürgerhäusern und vor allem der Domberg. Dort oben thront der Mariendom, der genau genommen **Dom St. Maria und Korbinian** heißt und bis auf das achte Jahrhundert zurückgeht und im Lauf der Jahrhunderte mehrfach erneuert und umgestaltet wurde. Der aktuelle Dom wurde Ende des zwölften Jahrhunderts erbaut. Die damalige große kirchliche Bedeutung bescherte Freising früher viele Kirchen und Klöster. Aus dieser Zeit stammt auch das stattliche **Diözesanmuseum**, eines der bedeutendsten kirchlichen Museen mit rund 20 000 Exponaten.
In Freising lohnt sich auf jeden Fall ein Spaziergang durch die schöne Altstadt. Durch die Obere und Untere Hauptstraße flaniert man vorbei an ba-

Im Zentrum der alten Bischofsstadt Freising

Der Dom in Weihenstephan geht bis auf das zwölfte Jahrhundert zurück.

↑ Der Biergarten des Bräustüberls in Weihenstephan
↗ Der alte Schafhof in Freising ist heute ein Künstlerhaus.

rocken und gotischen Stadthäusern, quert den Marienplatz mit der berühmten Mariensäule aus dem Jahr 1674 und geht weiter Richtung Westen bis zum Stadtteil Weihenstephan. Der **Weihenstephaner Berg**, eigentlich ein Hügel wie der Domberg, ist eine weitere große Attraktion der Stadt. Bis zum Säkularisationsjahr 1803 gab es hier ein Benediktinerkloster. Hier ist die Bayerische Staatsbrauerei Weihenstephan beheimatet, dazu zahlreiche Forschungseinrichtungen wie das Wissenschaftszentrum der Technischen Universität München. Die ehemalige Staatliche Molkerei Weihenstephan gehört seit einigen Jahren zur Großmolkerei Müller.
Heute kennt man Freising auch wegen des nahen **Flughafens**, der in den frühen 1990er-Jahren direkt vor den Toren der Stadt ins Freisinger Moos gebaut wurde und heute der größte Arbeitgeber im Landkreis Freising ist. Und eine touristische Attraktion, denn der Flughafen mit seinen beiden Terminals und vielen Geschäften und Lokalitäten sowie seinem umfangreichen Veranstaltungsprogramm ist ein beliebtes Ausflugsziel.

EIN KLASSIKER der bayerischen Wirtshauskultur ist das Bräustüberl in Weihenstephan. Historisches Ambiente, schöner Biergarten und typisch bayerische Küche. Weihenstephaner Berg 10, 85354 Freising. Tel. 08161/13004, www.braeustueberl-weihenstephan.de, tgl. 10–22 Uhr

VOR 200 JAHREN wurde der Schafhof als Unterkunft für Merinoschafe gebaut. Heute beherbergt der historische Bau am Nordrand der Stadt das Europäische Künstlerhaus Oberbayern, in dem viele Ausstellungen stattfinden. Am Schafhof 1, 85354 Freising, Tel. 08161/146231, www.schafhof-kuenstlerhaus.de, März–Okt. Di–Sa 14–19, So 10–19, Nov.–Feb. Di–Sa 14–18, So 10–18 Uhr

Auf einen Blick

Region: Nördliches Oberbayern
Beste Reisezeit: Mai–Oktober
Touristinfos:
Tourismus Oberbayern München e.V.: www.oberbayern.de
Touristinfo Dachau: www.dachau.de
Touristinfo Schrobenhausen: www.schrobenhausen.de

AKTIV UNTERWEGS

Schloss Dachau: Schlossstraße 7, 85221 Dachau, Tel. 08131/87923, www.schloesser.bayern.de, Mi–So 12–16 Uhr, Eintrittskarten gibt es im Café-Restaurant
KZ-Gedenkstätte Dachau: Alte Römerstraße 75, 85221 Dachau, Tel. 08131/669970, www.kz-gedenkstaette-dachau.de, tgl. 9–17 Uhr
Lenbachmuseum: Ulrich-Peißer-Gasse 1, 86529 Schrobenhausen, Tel. 08252/9098533, www.schrobenhausen.de, April–Juni tgl. 14–16, Juli–März Mi, Sa, So 14–16 Uhr
Spargelmuseum im Amtsturm: Am Hofgraben 1a, 86529 Schrobenhausen, Tel. 08252/9098534, www.schrobenhausen.de, April–Juni tgl. 14–16, Juli–März Mi, Sa, So 14–16 Uhr
Deutsches Medizinhistorisches Museum: Anatomiestraße 18–20, 85049 Ingolstadt, Tel. 0841/3052860, www.dmm-ingolstadt.de, Di–So 10–17 Uhr
Audi Forum und Museum: Auto-Union-Straße 1, 85045 Ingolstadt, Tel. 0800/2834444, www.audi.de, Museum Mo–Fr 9–17, Sa, So 10–16 Uhr
Deutsches Hopfenmuseum: Elsenheimerstraße 2, 85283 Wolnzach, Tel. 08442/7574, www.hopfenmuseum.de, Di–So 10–17 Uhr
Stadtmuseum Abensberg: Dollingerstraße 18, 93326 Abensberg, Tel. 09443/9103180, www.stadtmuseum-abensberg.de, Di–So 10–17 Uhr
Benediktinerabtei Scheyern: Schyrenplatz 1, 85298 Scheyern, www.kloster-scheyern.de
Dom St. Maria und Korbinian: Domberg 36, 85354 Freising, www.freisinger-dom.de, Mo–Mi, Fr 7–17, Do 14–17, Sa, So 8–17 Uhr

Der Brauereigasthof Kuchlbauer in Abensberg

ÜBERNACHTUNG

Jugendherberge Ingolstadt: Friedhofstraße 4 1/2, 85049 Ingolstadt, Tel. 0841/3051280, www.jugendherberge.de **€**
Hotel & Brauerei-Gasthof Neuwirt: Färberstraße 88, 86633 Neuburg an der Donau, Tel. 08431/2078, www.neuwirt-neuburg.de **€€**
Schloss Hohenkammer: Schlossstraße 20, 85411 Hohenkammer, Tel. 08137/9340, www.schlosshohenkammer.de **€€€**

STELL- UND CAMPINGPLÄTZE

Azur Waldcamping am Auwaldsee bei Ingolstadt: Am Auwaldsee 1, 85053 Ingolstadt, Tel. 0711/4093510, www.azur-camping.com
Campingplatz Paartal: Am Badesee 1, 86556 Kühbach, Tel. 08257/997767, www.campingplatz-paartal.de

Die zahlreichen Berge und Seen machen diese Tour so besonders.

Route 3
Seen und Berge
im Chiemgau –
der Osten

Route 3

Seen und Berge im Chiemgau – der Osten

Ein oberbayerischer Klassiker ist diese Rundtour. Ausgehend von München führt sie bergauf und bergab unter anderem zum Tegern- und Chiemsee.

Route 3

Auf dieser Rundtour geht es zunächst von München aus nach ❶ **Rosenheim**. Auf der Autobahn A8 Richtung Salzburg braucht man für die Strecke knapp eine Stunde. Wer es gemütlicher mag, entscheidet sich für die Landpartie über Putzbrunn und Glonn. Danach folgt ein Abstecher westwärts nach Miesbach und weiter zum ❷ **Tegernsee**. Ein Spaziergang auf der Promenade an dem berühmten See gehört zum Pflichtprogramm, anschließend geht die Reise von Gmund aus über Hausham zum benachbarten **Schliersee**, der nicht ganz so nobel, aber ebenfalls recht idyllisch gelegen ist. Der nächste Abschnitt wird etwas alpiner. Nach einer gemütlichen Passage nach Bayrischzell ziehen sich einige Serpentinen hinauf zum Sudelfeld, dem beliebten Skigebiet. Auf der Ostseite des Sudelfelds rollt man entspannt bergab bis zum Tatzlwurm mit dem sehenswerten Wasserfall. Daraufhin nimmt man die kurvenreiche und zuweilen etwas schmale Straße hinunter ins ❸ **Inntal** nach Niederaudorf, auf der man mit schönen Aussichten auf das Kaisergebirge belohnt wird. Bald geht es wieder leicht bergauf. Über Nußdorf kommt man hinauf zum Samerberg, einem malerischen Hochtal, flaniert dann mit besten Aussichten ostwärts. Anschließend fährt man wieder hinunter nach Frasdorf, biegt rechts nach Aschau ab und kommt über Bernau zum ❹ **Chiemsee**. Hier bietet sich ein Besuch im weitläufigen Strandbad in Felden an. Nächste Station ist Prien am Chiemsee. Von Felden oder Prien kann man einen Ausflug zu den Chiemseeinseln per Schiff einlegen. Die Tour folgt daraufhin dem See am Westufer bis Gstadt, zweigt dann ab auf schöne Landstraßen bis zum idyllischen ❺ **Seeon** samt See. **Amerang** mit seinem Bauernhaus- und Automuseum ist eine reizvolle Zwischenstation, bevor es über gemütliche und zwischendurch etwas kurvenreiche Landstraßen zurück Richtung Rosenheim und schließlich nach München geht.

1 Nicht nur Cops in Rosenheim

Die meisten Leute lassen Rosenheim links liegen. Sie sind auf der Durchreise Richtung Salzburg oder Kufstein und wissen nicht, dass ihnen dabei einiges entgeht. Die Kreisstadt mit rund 60 000 Einwohnern ist nicht nur ein beliebtes Ziel für Shoppingtouren. Mit dem Erfolg der TV-Serie »Rosenheim-Cops« hat es auch überregionale Berühmtheit erlangt. Im Zentrum gibt es zwar nicht sehr viele historische Bauwerke, aber der **Max-Josefs-Platz** ist die gute Stube und bietet viel Flair mit schönen Straßencafés, gemütlichen Gasthäusern und eleganten Geschäften. Fast ein Geheimtipp ist der benachbarte **Ludwigsplatz** mit stilvollen Arkaden samt der engen, stimmungsvollen Gassen rund um den ehemaligen Hofbräu. Dort haben sich etliche qualitätsbewusste Geschäfte und Lokale etabliert, während die Gegend Richtung Bahnhof das Revier der Billigläden ist.

Bekannt ist Rosenheim vor allem für seinen hohen Freizeitwert. Zu den Bergen und zum Chiemsee sind es allenfalls 20 bis 30 Fahrminuten. Direkt am Stadtrand gibt es zahlreiche schöne Badeseen wie den **Happinger See**, den Floriansee und ein paar Kilometer östlich den größeren **Simssee**.

Das kulturelle Herzstück von Rosenheim ist der historische **Lokschuppen** in der Rathausstraße schräg gegenüber dem Rathaus. Entstanden ist er 1858 mit dem Bau der Bahnverbindung von München bis Kufstein und diente der damaligen Bayerischen Staatsbahn als Werkstätte. Nach einem Bahn-

DIREKT AM MAX-JOSEFS-PLATZ steht der traditionsreiche Gasthof Stockhammer, wo sich Liebhaber einer klassischen und herzhaften bayerischen Küche wohlfühlen werden. Max-Josefs-Platz 13, 83022 Rosenheim, Tel. 08031/4099971, www.gasthof-stockhammer.de, Di–Sa 9–23, So bis 15 Uhr

ZIEMLICH VERSTECKT LIEGT das L'Incontro, ein kleines, elegant eingerichtetes italienisches Ristorante fünf Gehminuten östlich der Fußgängerzone neben einem Parkhaus. Sehr gute Küche, freundlicher Service zu akzeptablen Preisen. Mühlbachbogen 1c, 83022 Rosenheim, Tel. 08031/2328728, lincontro-rosenheim.de, Mo–Sa 11.30–14.30 und 17.30–23 Uhr

↑ Blick über die Nikolaikirche und das Zentrum von Rosenheim
↗ Der historische Lokschuppen ist heute ein Ausstellungszentrum.

hofsneubau wurde er lange als Lagerhalle genutzt, später teilweise als Turnhalle. In den 1980er-Jahren kam es schließlich zur Wiederbelebung mit Umbau zu einem Veranstaltungszentrum, das mit einer Landesausstellung über die Bajuwaren eröffnet wurde. Seitdem finden hier bemerkenswerte und hochwertige Ausstellungen statt.

↑ Die Anlegestelle der Bayerischen Seenschifffahrt in Tegernsee
↗ Das Schloss Tegernsee

2 Tegern- und Schliersee: Society mit Seeblick

Sie sind zwei ziemlich ungleiche Nachbarn und trotzdem beide sehr begehrt. Der Tegernsee und der nur wenige Kilometer entfernte und deutlich kleinere Schliersee sind nicht nur bei den Münchner beliebte Ausflugs- und Urlaubsziele. Sie liegen beide am Nordrand der Alpen, sind leicht erreichbar und verfügen dennoch über eine exzellente Kulisse.
Der **Tegernsee** ist der Noblere der beiden und eine erstklassige Promiadresse, gefragter Zweitwohnsitz von Filmstars, Politikern, Verlegern, Managern und Fußballern des FC Bayern. Seine Exklusivität verdankt der Tegernsee vor allem den Benediktinern und den Wittelsbachern. Begonnen hat es mit dem ehemaligen **Kloster** der Benediktiner im heutigen Ort Tegernsee, dass später vom bayerischen Königshaus der Wittelsbacher zum Schloss umfunktioniert wurde. Heute beherbergt der mächtige Bau am Seeufer unter anderem ein Gymnasium und das legendäre Gasthaus Bräustüberl. Fünf Hauptorte gibt es am Tegernsee, die alle sehr unterschiedlich sind. **Gmund** am Nordufer ist klein und dicht bebaut, hat am Südrand ein weitläufiges Strandbad. **Tegernsee** ist der Zentralort mit Bahnanschluss und Schloss, **Rottach-Egern** am Südrand ist der noble Nachbar mit luxuriösen Hotels und Geschäften. **Bad Wiessee** am Westufer ist der traditionsreiche Kurort mit Spielcasino und immer noch mit dem Charme der 1960er-Jahre. Kenner und Naturliebhaber weichen da gerne auf kleine Nachbarorte aus wie das romantische **Kreuth** im Süden oder in den Rottach-Egerner Ortsteil Enterottach Richtung Sutten.

GUT KALTENBRUNN ist ein Societyklassiker am Tegernseer Nordufer bei Gmund. Noble Küche von Käfer, der beste Blick auf den See und entsprechend anspruchsvolle Preise. Kaltenbrunn 1, 83703 Gmund, Tel. 08022/8070700, www.feinkost-kaefer.de, Mi–So 12–22 Uhr

EIN ABSTECHER VOM Schliersee zum höher gelegenen Spitzingsee dauert nicht lang und lohnt sich. Der idyllisch gelegene See auf rund 100 Metern Höhe ist ein beliebtes Ausflugsziel und ideal für Wandertouren um den See oder auf einen der umliegenden Gipfel, etwa die Rotwand mit dem Rotwandhaus.

Vom Tegernsee fährt man über Ostin etwa zehn Minuten bis Hundham und zum Nordufer des **Schliersees** mit dem gleichnamigen Ort. Hier gibt es kaum Luxushotellerie und Gourmetrestaurants. Alles ist eher bodenständig. Im Ort Schliersee sind **Heimatmuseum** und **Bauerntheater** die bekanntesten Sehenswürdigkeiten. Am Westufer gibt es ein schönes Strandbad und am Südostufer bei Neuhaus versteckt sich das **Bauernhausmuseum** des ehemaligen Skistars und Olympiasieger Markus Wasmeier hinter einigen Hügeln. Es bietet unter anderem historische Höfe, eine Schmiede, ein Wirtshaus samt Brauerei und eine Dorfkapelle. Wer den See näher kennenlernen will, kann dies auf einem **Rundwanderweg** um den See machen. Für die knapp acht Kilometer braucht man knapp zwei Stunden.

3 Bayerisches Landleben im Inntal

Kurvenreich ist die Fahrt vom Schliersee über Hundham und den Hundhamer Berg hinunter nach Bad Feilnbach und weiter bis **Brannenburg** im Inntal. Unterwegs gibt es schöne Aussichten und romantische kleine Weiler rechts und links der Straße. Von Brannenburg wechselt man auf die andere Seite des Inntals ins idyllische **Nußdorf**, hält sich dort links und folgt der Straße Richtung Norden. Kurz nach Nußdorf biegt man rechts ab und fährt kontinuierlich bergauf bis zum Weiler **Roßholzen**. Blickt man retour, hat man bald einen schönen Blick über das Inntal und zum Wendelstein.
Der **Samerberg** ist eines der beliebtesten Ausflugsziele weit und breit. Idyllische Almwiesen und beschauliche Bauerndörfer zu Füßen der Hochries schaffen eine besondere Idylle. Die Straße schlängelt sich über das Hochtal auf rund 700 bis 800 Meter Höhe. Eine echte Genusstour! Besonders schön ist die Variante von Roßholzen links über Hundham zur Kirche Steinkirchen inklusive herrlicher Aussicht und weiter nach **Törwang**. Echtes bayerisches Landleben, das bietet auch das urige und recht nostalgische **Naturbad** zwischen Törwang und Grainbach unterhalb der neuen Schule.
Wer noch mehr sehen will, kann auch von Grainbach aus mit der Seilbahn zum 1569 Meter hohen Gipfel der **Hochries** fahren, von dort oben das Panorama genießen und im Gasthaus einkehren. Die Hochries ist auch ein beliebter Startpunkt für Gleitschirmflieger. Die Fahrt über den Samerberg führt dann weiter ostwärts. Nicht ganz so bekannt ist die Strecke von

↑ Die Aussichtskapelle auf dem Samerberg
↖ Gleitschirmflieger am Hochries

DIe Alpenrose in Grainbach ist ein klassisches bayerisches Wirtshaus.

Grainbach aus Richtung Achenmühle und nach einem Kilometer rechts Richtung Frasdorf. Schöne Aussichten gibt es rechts und links, dann ein kurzes dunkles Waldstück, bis kurz darauf Frasdorf erreicht ist. Schließlich geht es weiter Richtung **Chiemsee**.

DIE KLEINE KAPELLE bei Obereck oberhalb von Törwang ist ein perfekter Aussichtsplatz mit Parkplatz sowie einigen Bänken. Man blickt hinaus ins flache Land und zu den nahen Bergen rund um die Hochries.

DAS GASTHAUS ALPENROSE in Grainbach auf dem Samerberg ist ein sehr gepflegtes, klassisches Wirtshaus direkt neben der Kirche. Schöne Gaststuben, kleiner Biergarten. Kirchplatz 2, 83122 Samerberg, Tel. 08032/8263. www.alpenrose-samerberg.de, Mi–So 12–14 und 17.30–21 Uhr

4 Am Chiemsee, dem Bayerischen Meer

Der dritte größere See auf dieser Tour ist zwar nicht so glamourös wie der Tegernsee, aber mit rund 80 Quadratkilometern ist er immerhin der größte See Bayerns. An Freizeitangeboten mangelt es dem Chiemsee nicht. Wir erreichen ihn auf der Fahrt vom Samerberg talwärts über Frasdorf und Aschau bis Bernau. Dort sind es nur zwei Kilometer bis zum schönen, weitläufigen **Strandbad in Felden**. Hier am Südufer gibt es neben mehreren Privatkliniken auch eine weitläufige Strandanlage und zahlreiche gastronomische Angebote. Außerdem kann man sich ein Rad leihen und einen Ausflug auf dem Chiemseeradweg machen. Von Felden aus hat man einen schönen Blick zur Herreninsel und zur Fraueninsel. Die Dampfer der Chiemsee-Schifffahrt machen in Felden Station. Wer mit Wohnmobil unterwegs ist und einen Ausflug auf den Chiemsee machen will, findet großzügige Parkmöglichkeiten an den Schiffsanlegestellen in Prien-Stock und Felden bei Bernau. Eine besondere Attraktion ist eine Fahrt mit dem nostalgischen Raddampfer »Ludwig Fessler«, der mittlerweile rund 100 Jahre alt ist. Wer einen Ausflug zur **Herreninsel** macht, kann dort das berühmte

Der nostalgische Chiemseedampfer Ludwig Fessler vor der Fraueninsel

↑ Das berühmte Schloss Herrenchiemsee (oben)
↑ Apfelstrudel mit Vanilleeis im Gasthof Hotel zur Linde
↗ Das Gasthaus Hotel zur Linde auf der Fraueninsel

Schloss von König Ludwig II. besichtigen, das im Stil von Versailles gebaut worden und nie vollendet worden ist. Die Schiffsanlegestelle befindet sich beim Alten Schloss, einem ehemaligen Augustiner Chorherrenstift. Typisch für Herrenchiemsee sind die weitläufigen Wälder und die langen Spazierwege. Reizvoll ist auch eine Exkursion auf die **Fraueninsel** mit ihren nostalgischen Fischerhäusern und einigen Ausflugslokalen. Bekannt ist die Insel für das Kloster, das Herzog Tassilo III. im achten Jahrhundert gründete und das bis heute von den Benediktinerinnen bewirtschaftet wird. Nebenan

DAS GASTHAUS HOTEL ZUR LINDE ist ein Traditionsbetrieb an einem der schönsten Plätze auf der Fraueninsel. Malerischer Gastgarten, regionale Küche auf gehobenem Preisniveau. Frauenchiemsee 1, 83256 Chiemsee, Tel. 08054/90366, www.linde-frauenchiemsee.de, So–Fr 11–18.45, Sa 11–20.45 Uhr

steht das Inselmünster, ein Kirchenbau aus dem elften Jahrhundert. Eine lange Tradition hat auf der Insel auch das Töpferhandwerk. Man kann auf der Fraueninsel nicht nur schöne Spaziergänge machen, hier gibt es auch mehrere Übernachtungsmöglichkeiten.
Von Felden geht es dann weiter über Bernau nach **Prien**, dem Hauptort am Chiemsee. Hier gibt es eine schöne Fußgängerzone, die allerdings gut zwei Kilometer vom Seeufer entfernt ist. Dort hinfahren kann man mit dem Auto oder mit einer nostalgischen Eisenbahn. Neben der Schiffsanlegestelle steht das moderne und voll verglaste Erlebnisbad Prienavera.
Gut 15 Minuten fährt man von Prien aus mehr oder weniger am Ufer entlang nordwärts über Breitbrunn bis **Gstadt**. Der kleine Ort liegt idyllisch am Ufer, hat eine schöne Uferpromenade samt Schiffsanlegestelle, dazu einen herrlichen Blick hinüber zur nahen Fraueninsel. Auch hier gibt es wieder einige Lokale direkt am Ufer, einen kleinen Badestrand und bezaubernde Spazierwege direkt am See und vorbei an eleganten Villen am Hochufer.

↓ Das Heimatmuseum in Prien am Chiemsee
↘ Blick über den Chiemsee von Seebruck aus

Blick Richtung Fraueninsel von Gstadt aus mit Hochgern und Hochfelln im Hintergrund

5 Seen, Kirchen und Wirtshäuser im Chiemgau

Der Chiemsee ist schön, aber er ist nicht allein. Denn wer Trubel vermeiden will, findet nordwestlich und nördlich des Chiemsees viele reizvolle Alternativen. Die **Chiemgauer Seenplatte** ist längst nicht so bekannt wie der Chiemsee, wird aber wegen seiner zahlreichen kleinen, nicht ganz so kleinen und teils winzigen Gewässer vor allem von Einheimischen sehr geschätzt. Hier findet man auch an Hochsaisontagen noch stille Uferplätze mit herrlichen Bademöglichkeiten. Insgesamt dürften sich um die 30 bis 40 Seen zwischen Chiemsee und Simssee, rund um Bad Endorf, Eggstätt und Obing verteilen. Allein auf der Fahrt von Prien über Rimsting nach Höslwang passiert man mit dem Langbürgner See, dem Hartsee und dem Pelhamer See drei stattliche Vertreter. Dazwischen verstecken sich noch viele kleine Seen, die man nur zu Fuß erreichen kann. Die Region ist ein bezauberndes Wanderrevier. Viele Besucher machen Station in Eggstätt und starten vom Ufer des Hartsees zu schönen Spaziergängen von See zu See. Ein bekannter und beliebter Vertreter ist der **Seeoner See** nicht nur wegen seiner malerischen Lage mit romantischen Landhäusern an den Uferpro-

In der »Camba Bavaria« werden Biergenuss, Kulinarik und ein gemütliches Miteinander gelebt.

Im Kräutergarten des Bauernhausmuseums in Amerang

menaden, sondern vor allem wegen des ehemaligen **Benediktinerklosters**, das heute ein Kultur- und Bildungszentrum der Regierung von Oberbayern ist. Rund um das Klostergebäude gibt es neben einem Wirtshaus auch etliche Statuen von Heinrich Kirchner (1902–1984), der ganz in der Nähe gewohnt hat, und einen historischen Friedhof mit prominenten Gräbern.
Ein kulturelles Schmuckstück ist der kleine Ort **Amerang** am Rande der Seenplatte. Hier findet sich nicht nur ein ungewöhnlich gutes gastronomisches Angebot, sondern mit dem **Bauernhausmuseum** und dem **Automobilmuseum EFA Mobile Zeiten** des Ameranger Unternehmers Ernst Freiberger auch zwei der bedeutendsten Museen in der Region. Amerang wäre dann auch ein stilvoller Abschluss dieser Runde durch den Chiemgau, bevor es auf ruhigen und angenehm kurvenreichen Nebenstraßen über Halfing, Söchtenau und Prutting bis Rosenheim und wieder Richtung München geht.

CAMBA BAVARIA ist eine moderne Brauerei am Ortsrand von Seeon mit Schwerpunkt Craftbiere. Hier kann man an Bierführungen teilnehmen, natürlich auch an Verkostungen und sich im Shop und einer dazu gehörenden Biobäckerei versorgen. Gewerbering 3, 83370 Seeon, Tel. 08624/4073300, www.camba-bavaria.de, Mo–Sa 8–19 Uhr

Auf einen Blick

Region: Tegernsee, Inntal, Chiemsee
Beste Reisezeit: April–Oktober
Touristinfos:
Tourismus Oberbayern München e.V.: www.oberbayern.de
Tegernsee Tal Tourismus: www.tegernseer-tal-tourismus.de
Chiemsee Alpenland: www.chiemsee-alpenland.de

AKTIV UNTERWEGS

Lokschuppen Rosenheim: Rathausstraße 24, 83022 Rosenheim, Tel. 08031/3659036, www.lokschuppen.de, Mo–Fr 9–18, Sa, So 10–18 Uhr
Heimatmuseum Schliersee: Lautererstraße 6, 83727 Schliersee, Tel. 08026/4397, www.schliersee.de > Kultur, Lebensart > Museen, Mai–Okt. Di–Sa 14–16 Uhr
Markus Wasmeier Freilichtmuseum: Brunnbichl 5, 83727 Schliersee, Tel.08022/929220, www.wasmeier.de, April–Okt. Di–So 10–17 Uhr
Strandbad Felden: Birkenallee 54, 83233 Bernau am Chiemsee, OT Felden, Tel. 0151/55756427, www.bernau-am-chiemsee.de, Mai–Mitte Okt.
Schloss Herrenchiemsee: 83209 Herrenchiemsee, Tel. 08051/68870, www.herrenchiemsee.de, April–Okt. 9–18, Nov.–März 9.40–16.15 Uhr, Anfahrt mit den Schiffen der Chiemsee-Schifffahrt (www.chiemsee-schifffahrt.de)
Heimatmuseum Prien: Valdagno-Platz 2, 83209 Prien am Chiemsee, Tel. 08051/92973, www.prien.de, tgl. 13–17 Uhr
Kloster Seeon: Klosterweg 1, 83370 Seeon, Tel. 08624/8970, www.kloster-seeon.de
Bauernhausmuseum Amerang: Hopfgarten 1, 83123 Amerang, Tel. 08075/915090, www.bhm-amerang.de, April–Okt. Di–So 10–17 Uhr
EFA Mobile Zeiten Amerang: Wasserburger Straße 38, 83123 Amerang, Tel. 08075/8141, www.efa-mobile-zeiten.de, Juni–Sept. Di–So, April, Mai Mi–So, März, Okt., Nov. Do–So jeweils 10–18 Uhr

Das Museum EFA Mobile Zeiten Amerang

ÜBERNACHTUNG

Jugendherberge Bayrischzell/Sudelfeld: Unteres Sudelfeld 9, 83735 Bayrischzell, Tel. 08023/675, www.jugendherberge.de **€**
Ochsenwirt: Carl-Hagen-Straße 14, 83080 Oberaudorf, Tel. 08033/30790, www.ochsenwirt.com **€€**
Hotel Das Tegernsee: Neureuthstraße 23, 83684 Tegernsee, Tel. 08022/1820, www.dastegernsee.de **€€€**

STELL- UND CAMPINGPLÄTZE

Chiemsee Camping Lambach: Lambach 3, 83358 Seeon-Seebruck, Tel. 08667/7889, www.camping-am-chiemsee.de
Camping Stein: See 10, 83093 Bad Endorf, Tel. 08053/9349, www.camping-stein.de

Die Wallfahrtkirche St. Leonhard liegt in einem offenen Tal außerhalb von Dietramszell.

Route 4

Durch das Oberland zur Zugspitze – der Süden

Route 4

Durch das Oberland zur Zugspitze – der Süden

Diese Tour ist ein bayerischer Klassiker. Auf historischen Wegen gelangen wir zu herrlichen Gipfeln und entdecken interessante Städte in den Bayerischen Alpen.

Von München führt die Tour an der Isar entlang nach Süden bis ❶ **Bad Tölz**, wo man einen gemütlichen Zwischenstopp mit einem Spaziergang durch das historische Zentrum und entlang der Isar einlegen kann. Hier tun sich auch einige reizvolle Täler auf. Auf der gut ausgebauten Bundesstraße kommt man rasch nach **Lenggries** zu Füßen des Brauneck. Ob man dem oberen Isartal folgt über Vorderriss oder durch die wildromantische Jachenau zum Walchensee fährt, es wird in jedem Fall eine Genusstour Richtung Karwendel und Garmisch-Partenkirchen.
Für Wohnmobile ist die Fahrt von Lenggries durch das obere Isartal auf der Strecke durch die Jachenau einfacher als die enge und kurvige Route über Vorderriss. Der nächste Abschnitt über Wallgau und Krün bis nach ❷ **Mittenwald** verläuft auf einer breiten und gut ausgebauten Straße. Weiter geht es dann auf der ebenfalls bequem zu befahrenden Deutschen Alpenstraße (Seite 122) westwärts bis nach ❸ **Garmisch-Partenkirchen** zu Füßen der Zugspitze. Danach warten weitere kulturelle und landschaftliche Höhepunkte. Bei einem Ausflug über Oberau und dort links ein Stück bergauf bis zum Kloster Ettal kommt man schließlich nach ❹ **Oberammergau**, das für seine bunten Lüftlmalereien und die Holzschnitzertradition bekannt ist. Wer möchte, biegt bei Ettal südwärts zum Schloss Linderhof im Graswangtal ab, wo sich König Ludwig II. besonders wohlfühlte. Anschließend geht es wieder ins flache Alpenvorland, genauer gesagt ins Blaue Land rund um ❺ **Murnau** und Staffelsee, wo man den Spuren der Künstlergruppe »Der Blaue Reiter« folgen kann. Über das stattliche Kloster Benediktbeuern kehren wir nach Bad Tölz zurück und folgen schließlich dem Lauf der Isar bis nach München.

Route 4

MÜNCHEN
96
995
95
Isar
Grünwald
Oberhaching
8
Oberes Isartal
Egling
Dietramszell
Kirchsee
Isar
Kalvarienberg
Kloster Reutberg
Bad Tölz
1
Kloster Benediktbeuern
Benediktbeuern
Staffelsee
Riegsee
95
5
Murnau am Staffelsee
Schlehdorf
Kochel am See
Franz-Marc-Museum
Jachenau
Passionstheater Oberammergau Museum
Erlebnisbad Wellenberg
Herzogstand 1731
Kochelsee
Schloss Linderhof
Ober-ammergau
4
Loisach
Walchen-see
Jachenau
Isar
Sylvensteinsee
Ettal
Oberau
Vorderriss
Garmisch-Partenkirchen
Wallgau
Barmsee
Krün
3
Zugspitzbahnen
Karwendel
Eibsee
Grainau
Lauter-see
2
Mittenwald
Ferchensee
Zugspitze 2962
Partnach-klamm
Geigenbaumuseum
Karwendelbahn
Obermarkt

1 Klassisch bayerische Lebensart in Bad Tölz

Eine beneidenswerte Lage hat die traditionsreiche Kurstadt Bad Tölz. Sie befindet sich direkt an der Isar und am Nordrand der bayerischen Berge. Dazu ist Bad Tölz verkehrstechnisch leicht erreichbar. Diese Qualitäten haben der Stadt schon früher besondere Attraktivität verschafft. Auf der Isar wurden bereits Holz und Waren mit **Flößen** Richtung München transportiert. Den Rohstoff für die Flöße holte man sich in den Wäldern rechts und links der Isar. Außerdem war Bad Tölz eine **Biermetropole**. In Tuffsteinhöhlen wurde das Bier der mehr als 20 Brauereien gehortet. Mitte des 19. Jahrhunderts wurden die **Jodquellen** entdeckt, die die Basis für den Kurtourismus bildeten. Das ist leider alles Vergangenheit.
Einen Stopp wert ist auf alle Fälle die **Marktstraße**, die gute Stube von Bad Tölz. Parkplätze gibt es am Ostufer ein paar Meter nördlich der Isarbrücke bei der Säggasse. Daneben ist die breite, zur Isar hin leicht abfallende Fußgängerzone mit historischen Stadthäusern mit den typischen **Lüftlmalereien**. Besonders sehenswerte Exemplare sind das Alte Rathaus, das Sporerhaus, das Moralthaus und das ehemalige Mädchenschulhaus. Wer den besten Ausblick auf Bad Tölz und die Isar haben will, sollte einen kurzen Ausflug hinauf zum **Kalvarienberg** machen. Von der Säggasse, die parallel auf der Nordseite zur Marktstraße verläuft, zweigt ein Fußweg hinauf zum Kalvarienberg und zur gleichnamigen Kirche ab.

GOURMETKÜCHE und geniale Aussichten gibt es bei Schwingshackl Esskultur direkt am nördlichen Isarufer in Bad Tölz. Regionale Küche mit Michelinstern. An der Isarlust 1, Tel. 08041/6030, 83646 Bad Tölz, www.schwingshackl-esskultur.de, Mi–So 12–13.30 und 18.30–21.30 Uhr

GUT ZEHN KILOMETER nördlich von Bad Tölz liegt der Kirchsee inmitten eines Naturschutzgebiets. Dort kann man einen Badeausflug mit einem Besuch beim Kloster Reutberg kombinieren. Das Kloster und die nostalgische Brauerei kann man zwar nicht besichtigen, dafür aber die Kirche. Außerdem kann man im Bräustüberl einkehren. Am Reutberg 2, 83679 Sachsenkam, Tel. 08021/8686, www.klosterbraeustueberl.de, tgl. 10–23 Uhr

↑ Blick über Bald Tölz und die Isar Richtung Berge (oben)
↑ Der Kalvarienberg über dem Tölzer Zentrum
↗ Die Marktstraße ist die gute Stube von Bad Tölz.

Das moderne Bad Tölz entwickelte sich weiter etwas oberhalb am Ostufer der Isar, wo früher die Anlage der US Army war. Nach dem Abzug der Amerikaner entstand hier ein **Gewerbegebiet** mit Wohnhäusern, es wurden die Hacker-Pschorr-Arena, ein modernes Eisstadion, und die Trainingshalle des Deutschen Alpenvereins gebaut, wo man Hubschrauber-Noteinsätze simulieren kann.

Die Aussicht bei der Bergstation der Karwendelspitze ist spektakulär.

2 Geigenbauer und Lüftlmaler in Mittenwald

Wer hier auf der Bundesstraße durchfährt, versäumt einiges. Auf den ersten, flüchtigen Blick sieht man nicht viel von Mittenwald. Rechts baut sich der Kranzberg auf, links ragen die Felswände der Karwendelspitze in den Himmel. Die noch junge Isar trennt die Schnellstraße vom Ortszentrum.
Mittenwald hat eine lange und vielfältige Historie, profitierte viel von seiner Lage an einem der wichtigsten Handelswege in den Alpen, der Augsburg mit Venedig verband. Daran erinnert auch der **Bozner Markt**, ein großer Kunst- und Handwerksmarkt, der alle fünf Jahre stattfindet. Bekannt ist Mittenwald vor allem für seine Geigenbauertradition. Die ist eindrucksvoll im **Geigenbaumuseum** in der Ballenhausgasse dokumentiert, wo rund 200 Instrumente ausgestellt sind und wo auch Vorführungen in der Schauwerkstatt angeboten werden. Nicht versäumen sollte man einen Spaziergang durch das historische Zentrum durch den **Obermarkt** vorbei an altehrwürdigen Bürgerhäusern mit den typischen Lüftlmalereien bis zur barocken **Stadtpfarrkirche St. Peter und Paul**.
Wer mehr Zeit hat, kann von Mittenwald aus mit dem Bus zum knapp drei Kilometer entfernten **Lautersee** fahren oder durchs Laintal dorthin wandern. An dem kleinen und malerisch gelegenen Bergsee gibt es einen Badestrand und mehrere Lokale. Früher wurde hier das Bier der Brauerei Mittenwald kühl gelagert. Der Bus fährt übrigens noch weiter bis zum

DER GASTHOF ALPENROSE ist ein typisches bayerisches Gasthaus im historischen Zentrum mit aufwendiger Lüftlmalerei und guter regionaler Küche. Obermarkt 1, 82481 Mittenwald, Tel. 08823/92700, www.hotel-alpenrose-mittenwald.de, tgl. 11.30–22 Uhr

DIREKT NEBEN DER BUNDESSTRASSE befindet sich die Talstation der Karwendelbahn, mit der man bis auf 2244 Meter Höhe zum Gipfel der Karwendelspitze fahren kann. Dort oben erwarten Besucher eine spektakuläre Aussicht, ein Gasthaus und das Natur-Informationszentrum, das wie ein riesiges Fernrohr aussieht. Alpenkorpsstraße 1, 82481 Mittenwald, Tel. 08823/9376760, www.karwendelbahn.de, i. d. R. alle 30 Min. von 10–16.15 Uhr

kleineren **Ferchensee** auf der Straße, die Mittenwald mit Schloss Elmau verbindet, aber für öffentlichen Autoverkehr gesperrt ist.
Dass die Mittenwalder Menschen mit einem besonderen Sinn für Tradition sind, das unterstreichen auch etliche eindrucksvolle Bräuche. Dazu gehören die **Maschkera** zur Faschingszeit, deren Umzug durch den Ort mit zahlreichen Gruppen mit wilden Kostümen der Höhepunkt ist. Dabei haben diese Maskierungen auch einen historischen Hintergrund und unterscheiden sich im Werdenfelser Land von Ort zu Ort.

3 Im Olympiaort Garmisch-Partenkirchen

Der ehemalige Olympiaort Garmisch-Partenkirchen mit dem höchsten Gipfel Deutschlands, der 2962 Meter hohen Zugspitze, ist der alpine Klassiker schlechthin. Zum Entdecken und Erleben gibt es hier mehr als genug. Eigentlich sind es ja zwei Orte, die vor der Olympiade 1936 zwangsfusioniert wurden, traditionell aber immer eine herzliche Rivalität pflegten. An die sportliche Historie erinnern das **Olympia Skistadion** in Partenkirchen und die benachbarte **Skisprungschanze**, die auch Schauplatz der berühmten Vierschanzentournee ist. Erbaut wurde sie schon 1927 und 2007 von einem Neubau abgelöst. Sowohl Garmisch als auch Partenkirchen haben ihr Zentrum, wobei das alte Partenkirchen mit der Ludwigsstraße traditioneller und beschaulicher ist. Mehr los ist in der Fußgängerzone in Garmisch.

Tipp

Gleich drei Bahnen erschließen die **Zugspitze.** Die gute alte Zahnradbahn von Garmisch-Partenkirchen aus, die neue, spektakuläre Seilbahn vom Eibsee aus und eine weitere Seilbahn von der Tiroler Seite bei Ehrwald. Wer sich nicht entscheiden kann, nimmt die Zahnradbahn vom Garmischer Bahnhof bis zum Eibsee und wechselt dort in die Seilbahn, die erheblich bessere Aussichten bietet. Eine reizvolle Alternative ist die Fahrt mit der Bahn oder mit dem Auto zum Eibsee, wo man eine Wanderung rund um den See unternehmen kann. Ein malerischer Rundweg mit einer Länge von rund sieben Kilometern startet direkt beim Eibsee Hotel. www.zugspitze.de

↑ Garmisch-Partenkirchen zu Füßen von Alp- und Zugspitze (oben)
↖ Die Seilbahn Zugspitze an der Talstation

EINEN SPEKTAKULÄREN SPAZIERGANG verspricht die Partnachklamm, wo sich die Loisach auf rund 700 Metern Länge durch die steile Felslandschaft schlängelt. Starten kann man beim Olympiastadion und läuft entlang der Wildenauer Straße gut 20 Minuten direkt zum Eingang. Zurück kommt man über Vordergraseck. www.partnachklamm.de, Juni–Sept. tgl. 8–20, Okt.–Mai 9–16.30 Uhr

Für einen Spaziergang parkt man am besten beim **Kurpark**, der nur wenige Meter entfernt ist. Auf dem Weg vorbei am Kurhaus und am Spielcasino gibt es Geschäfte und Lokale unterschiedlichster Art. Eine Institution ist das traditionsreiche **Trachtenhaus Grasegger**, das mit »2964Garmisch« ein eigenes Label zu bieten hat.
Garmisch-Partenkirchen mit seiner privilegierten Lage und seiner Historie hat schon immer prominente Menschen angezogen. Dazu gehörten Richard Strauss, der sich 1908 eine Villa in Partenkirchen bauen ließ und dort bis zu seinem Tod 1949 lebte, der Schriftsteller Michael Ende und der Winnetou-Darsteller Pierre Brice. Weniger bekannt sind der Sultan von Oman und der russische Oligarch Roman Abramowitsch.

Das mit Lüftlmalereien geschmückte Trachtenhaus Grasegger

Die Holzschnitzer haben in Oberammergau eine lange Tradition.

4 Der Passionsspielort in Oberammergau

Der bekannte Passionsspielort an der Ammer ist eine klassische bayerische Schönheit. Dafür sorgen vor allem die vielen historischen Häuser im Zentrum mit den prachtvollen **Lüftlmalereien**. Ähnlich wie bei der Freskomalerei wurden dabei Motive aus dem Brauchtum und scheinbare architektonische Elemente auf die Mauern gebracht. Eines der bunt bemalten historischen Häuser in der Dorfstraße 20 ist das Geburtshaus des Schriftstellers **Ludwig Thoma**, dessen Vater hier als Förster angestellt war und wo die Familie der Mutter ein Gasthaus bewirtschaftete. Eine andere Spezialität von Oberammergau sind die **Herrgottsschnitzer**, die seit Generationen religiöse Motive verarbeiten. Die klassischen Künstler gibt es noch, aber sie haben reichlich Billigkonkurrenz durch fernöstliche Fabrikware. Seit rund 130 Jahren hat Oberammergau eine eigene Schnitzschule in der Ettaler Straße.
Wer durch das Ortszentrum von Oberammergau spaziert, findet nicht nur viele Schnitzereien und Lüftlmalereien. Natürlich stößt man auch auf die berühmten **Passionsspiele**, die hier alle zehn Jahre stattfinden und ihren Ursprung in einem Gelöbnis während der Pestzeit 1633 haben. Im Jahr 2010 hatten die Aufführungen, bei denen viele Einheimische (immerhin rund die

Gut die Hälfte der Bevölkerung ist bei den Passionsspielen in Oberammergau aktiv dabei.

KREATIVE BAYERISCHE KÜCHE mit frischen Zutaten bietet das kleine Restaurant Mundart. Bahnhofstraße 12, 82487 Oberammergau, Tel. 08822/9497565, www.restaurant-mundart.de, Mi–So 17–23 Uhr

WELLENBERG HEISST DAS Erlebnisbad am Nordostrand von Oberammergau. Dort gibt es ein Warmwasserbecken, ein Hallenbad, Sauna und Gastronomie. Himmelreich 52, 82487 Oberammergau, Tel. 08822/92360, www.wellenberg-oberammergau.de, Mo–Fr 12–20, Sa, So 10–20 Uhr

Hälfte der Bevölkerung) mitwirken, mehr als eine halbe Million Zuschauer. Das modern anmutende Passionstheater wird auch für andere kulturelle Veranstaltungen genutzt und kann bei Führungen besichtigt werden. Mehr zur Geschichte des Orts und vor allem zur Holzschnitzertradition erfährt man im **Oberammergau Museum** in der Ludwig-Lang-Straße.
Nur rund zehn Kilometer sind es auf der gut ausgebauten Straße durch das Graswangtal Richtung Ammerwald und Tiroler Grenze bis zum berühmten **Schloss Linderhof.** Hier ließ sich Ludwig II. ein Lustschloss nach französischem Vorbild erbauen, wo er sich in die von ihm so sehr geliebte Natur zurückziehen konnte. Entsprechend prachtvoll ist die Parkanlage.

Das feudale Schloss Linderhof war ursprünglich ein schlichtes Jagdhaus.

Auch das Geburtshaus von Ludwig Thoma in Oberammergau ist mit reichlich Lüftlmalereien verziert.

Gg. Lang sel. Erben
1775
In diesem Hause schenkte
AM 21. JANUAR 1867
die Schwaben Wirtstochter
von Oberammergau
Thoma geborene
Ehefrau des
Max Thoma dem
Heimatlande und dem
Deutschen Volke den Dichter
LUDWIG THOMA
20
P
mit Parkschein
max. 2 Stunden
v. 9–18h
an Sonn- und
Feiertagen frei

5 Schöngeistiges im Blauen Land

Die Landschaft rund um **Murnau** mit dem Staffelsee und Riegsee, dem Murnauer Moos und hinüber bis zum Kochelsee inspirierte zahlreiche Malergrößen. Die Bekanntesten waren Gabriele Münter und Wassily Kandinsky, die hier in der Zeit vor dem Ersten Weltkrieg lebten. Ein weiterer Protagonist war Franz Marc, der nur wenige Kilometer entfernt in Sindelsdorf wohnte. Zusammen mit Maria Marc sowie August und Elisabeth Macke initiierten sie die Künstlergruppe »Der Blaue Reiter«. Warum blau? Kandinsky ließ sich von den blauen Farbtönen der Natur begeistern ließ und kreierte den Titel. Das Blaue Land rund um Murnau zieht heute mehr denn je Natur- und Kunstliebhaber an. Das liegt einmal daran, dass die Landschaft mit dem **Murnauer Moos**, der größten Moorlandschaft in den Alpen mit 23 Quadratkilometern, dem **Staffelsee** und dem **Kochelsee** vor der Kulisse der mächtigen Berglandschaft besonders inspirierende Stimmungen schafft. **Murnau** mit seiner schönen, weitläufigen Fußgängerzone ist ein perfekter Ausgangspunkt, um auf den Spuren der Künstler unterwegs zu sein. Beginnen könnte man in Murnau mit dem **Schlossmuseum**, wo die spezielle Geschichte der Malergruppe und auch Kultur und Tradition der Region ausführlich dokumentiert sind. Eine weitere Station wäre das **Münter-Haus** in der Kottmüllerallee in Murnau, das auf Wunsch der Künstlerin im Originalzustand geblieben ist und mit seiner umfangreichen künstlerischen Ausstattung besichtigt werden kann. Ein weiterer Höhepunkt ist das **Franz-Marc-Museum** am Ostufer des Kochelsees. Der moderne Bau entstand Mitte der 1980er-Jahre und bietet eine Sammlung von Werken des Künstlers im Kontext mit weiteren zeitgenössischen Malern. Umgeben ist das Museum von einem Park mit Skulpturen von Per Kirkeby, Tony Cragg, Alf Lechner und Horst Antes.

DER GRIESBRÄU im Zentrum von Murnau ist eine Institution. Ein klassischer und ziemlich großzügiger Brauereigasthof mit guter regionaler Küche, Bieren aus eigener Produktion und modern eingerichteten Hotelzimmern. Hier ist auch schon Gabriele Münter eingekehrt. Obermarkt 37, 82418 Murnau, Tel. 0884/1422, www.griesbraeu.de, Do–Di 10–23 Uhr

↑ Die Fußgängerzone von Murnau (oben)
↑ Auch heute noch im Originalzustand: das Münter-Haus
↗ Das Blaue Land rund um Murnau

EINE LOKALE BERÜHMTHEIT ist auch die kleine Brauerei Karg in der Fußgängerzone. Spezialität des Familienbetriebs sind Weißbiere. Neuerdings gibt es auch Biobiere in verschiedenen Ausführungen. Zum Haus gehört auch ein kleines Bräustüberl. Brauerei: Untermarkt 27, 82418 Murnau, Tel. 08841/1268, www.karg-weissbier.de, Mo–Do 7–12 und 14–16, Fr nur 7–12 Uhr; Bräustüberl: Tel. 08841/8272, www.karg-murnau.de, Mi–So 10–14 und 18–23 Uhr

Auf einen Blick

Region: Zugspitzregion
Beste Reisezeit: Mai–Oktober

Touristinfos:
Zugspitz Region:
www.zugspitz-region.de
Tölzer Land Tourismus:
www.toelzer-land.de

AKTIV UNTERWEGS

Kalvarienberg: Austraße. 83646 Bad Tölz, Tel. 08041/78670, www.bad-toelz.de, www.deutsche-alpenstrasse.de/de/kalvarienberg-bad-toelz

Geigenbaumuseum Mittenwald: Ballenhausgasse 3, 82481 Mittenwald, Tel. 08823/2511, www.geigenbaumuseum-mittenwald.de, Jan.–Mitte Nov. Di–So mind. 11–16 Uhr, Mitte Nov.–Dez. geschl.

St. Peter und Paul: Matthias-Klotz-Straße 2, 82481 Mittenwald, www.erzbistum-muenchen.de/pfarrei/st-peter-und-paul-mittenwald

Trachtenhaus Grasegger: Am Kurpark 8, 82467 Garmisch-Partenkirchen, 08821/943000, www.grasegger.de, Mo–Fr 9.30–18.30, Sa 9.30–17 Uhr

Partnachklamm: Tel. 08821/180700, www.partnachklamm.de, www.gapa-tourismus.de, Juni–Sept. tgl. 8–20, Okt.–Mai 9–16.30 Uhr

Passionstheater Oberammergau: Theaterstraße 16, 82487 Oberammergau, Tel. 08822/9458888, www.passionstheater.de

Oberammergau Museum: Dorfstraße 8, 82487 Oberammergau, Tel. 08822/94136, www.oberammergaumuseum.de, Di–So 14–16 Uhr

Schloss Linderhof: Linderhof 12, 82488 Ettal, Tel. 08822/92030, www.schlosslinderhof.de, April–Mitte Okt. tgl. 9–18, Mitte Okt.–März tgl. 10–16.30 Uhr

Schlossmuseum Murnau: Schlosshof 2–5, 82418 Murnau am Staffelsee, Tel. 08841/476201, www.schlossmuseum-murnau.de, i. d. R. Di–So 10–17 Uhr

Franz-Marc-Museum: Mittenwalder Straße 50, 82431 Kochel am See, Tel. 08851/924880, www.franz-marc-museum.de, April–Okt. Di–So 10–18, Nov.–März Di–So 10–17 Uhr

Münter-Haus: Kottmüllerallee 6, 82418 Murnau am Staffelsee, Tel. 08841/628880, www.muenter-stiftung.de, Di–So 14–17 Uhr

Die Fußgängerzone in Mittenwald mit der Kirche St. Peter und Paul

ÜBERNACHTUNG

Moun10 Jugendherberge: Lagerhausstraße 2, 82467 Garmisch-Partenkirchen, Tel. 08821/754290, www.moun10-garmisch-jugendherberge.de **€**
Hotel Garni Drachenburg: Im Kreuth 7, 82481 Mittenwald, Tel. 08823/92300, www.hotel-drachenburg.de **€€**
Das Kranzbach: Im Kranzbach 1, 82493 Krün, Tel. 08823/928000, www.daskranzbach.de **€€€**

STELL- UND CAMPINGPLÄTZE

Campingpark Oberammergau: Ettaler Straße 56b, 82487 Oberammergau, Tel. 08822/94105, www.campingpark-oberammergau.de
Camping Resort Zugspitze: Griesener Straße 9, 82491 Grainau, Tel. 0881/9439115, www.perfect-camping.de

Schloss, Brauerei und Höhlenburg in Stein an der Traun

Route 5

Bayerische Bierkultur – die besten Brauereien

Route 5

Bayerische Bierkultur – die besten Brauereien

Dieser Ausflug beschäftigt sich mit Bier und entsprechenden Lokalitäten. Wir lernen so manche Brauerei, aber auch zahlreiche Gasthäuser, idealerweise mit gemütlichen Biergärten, kennen.

Route 5

Dieser Roadtrip ist einerseits ungewöhnlich, andererseits auch wieder sehr typisch für Oberbayern. Denn er führt uns von Brauerei zu Brauerei. Insbesondere in Bayern gilt Bier als »flüssiges Brot«. Unterwegs sind wir überwiegend auf Straßen, die eher abseits der touristischen Ströme verlaufen, von München ostwärts mit weitem Abstand von den Bergen Richtung Mühldorf und Altötting durch Gegenden, die wieder sehr authentisch sind. Wir fahren zuerst von München aus nach Osten und da geradewegs durch den Ebersberger Forst und Isen bis nach Dorfen, besuchen die versteckte und ziemlich ungewöhnliche **1 Brauerei z'Loh** etwas außerhalb von Schwindkirchen und setzen dann die Tour mit einem Abstecher nach Süden und einem Zwischenstopp bei der **Brauerei Stierberg** fort. Anschließend fahren wir bis Haag. Dort ist nicht weit vom Zentrum am östlichen Ortsrand die berühmte **Unertl** zu Hause. Wir folgen im Anschluss daran dem Inn ostwärts über Gars und kommen über Kraiburg mit seinem schönen historischen Zentrum samt verwinkelter Gassen nach Mühldorf und weiter bis Altötting. Dort besuchen wir im südlich gelegenen Vorort Graming die alteingesessene Weißbierbrauerei **2 Graminger Weissbräu**, eine kleine Brauerei samt Wirtshaus mit Biergarten. Nun machen wir einen Abstecher zum idyllisch gelegenen **Bräu im Moos** bei Tüßling, der nur wenige Kilometer entfernt in südwestlicher Richtung mitten im Grünen liegt. Daraufhin führt die Route kontinuierlich nach Süden zur **Klosterbrauerei Baumburg** bei Altenmarkt, die oberhalb des Ortes auf einem Hügel neben der Klosterkirche steht. Nächste Station ist die **3 Schlossbrauerei Stein an der Traun** direkt an der Hauptstraße Richtung **4 Traunstein**. Und das ist auch unser nächstes Ziel, denn es gibt gleich drei Brauereien im Zentrum. Zum Abschluss gönnen wir uns noch einen Schlenker ins Berchtesgadener Land mit der **5 Brauerei Schönram** und kehren zum Finale im **Hofbräuhaus in Berchtesgaden** ein. Auch für Wohnmobile eine reizvolle Tour, da es keine schwierigen Passagen gibt und bei den Brauereien meist genügend Parkplätze vorhanden sind. Nur im Zentrum von Kraiburg könnte es eng werden, aber natürlich gibt es auch Alternativen, etwa über Waldkraiburg.

1 Rund um Dorfen und Haag

Die erste Etappe dieser Tour führt in das flache Land östlich von München zu zwei echten Traditionsbetrieben. Der eine ist ein absoluter Geheimtipp, der zweite eine bekannte Institution. Das erste Ziel versteckt sich in einem Wald unweit von Dorfen eine halbe Autostunde östlich von München. Einige Kurven auf der Landstraße nördlich von Schwindkirchen sind es, bis man beim **Bräu z'Loh** im winzigen Weiler Loh angekommen ist. Ein schlichtes Brauereigebäude und daneben steht das Gasthaus. Hier wird ganz traditionell gebraut. Drinnen gibt es einen stilvollen Degustationsraum und eine außergewöhnliche Sammlung mit historischen Bierflaschen und anderen geschichtsträchtigen Pretiosen. Dass der versteckte Familienbetrieb auch Heimat des 2015 verstorbenen bayerischen Schriftstellers und allseits bekannten Traditionalisten Georg Lohmeier ist, der vor allem durch die Serie »Königlich Bayerisches Amtsgericht« bekannt wurde, passt ebenfalls zu diesem bajuwarischen Kleinod. Heute wird es in der dritten Generation von der Braumeisterin Barbara Lohmeier-Opper geführt. Gebraut werden neben den Klassikern Helles, Dunkles, Märzen, Weißbier und auch leichte Biere sowie ein Bock, das in Eichenfässern des Marsalaweins reift.
Die nächste Station ist Haag, der Heimatort der bekannten **Weißbierbrauerei Unertl**. Auf dem Weg dorthin kann man noch Station machen bei der Brauerei Stierberg (siehe Tipp) im gleichnamigen Ort unweit von Obertaufkirchen auf der Südseite der A94. Eine Landbrauerei mit über 100 Jahren Tradition und klassischem Sortiment. Über Oberornau kommt man schließlich nach Kirchdorf und weiter nach Haag. Die hiesige Brauerei Unertl ist aus dem Gasthaus Weissbräu hervorgegangen und braut auch heute

↓ Die Brauereigaststätte Stierberg
↘ Beim Bräu z`Loh gibt es auch ein Biermuseum.

Gut versteckt ist die Brauerei Bräu z'Loh östlich von Dorfen.

noch ausschließlich Weißbier von alkoholfrei bis zum Weißbierbock. Ein Bräustüberl gehört natürlich auch dazu. Das **Schloss Haag** geht bis auf das zehnte Jahrhundert zurück und dokumentiert die Geschichte der einst bedeutenden Grafschaft. Innenhof und Schlossturm kann man besichtigen. Es werden auch Führungen angeboten.

UNTERWEGS GUT EINKEHREN kann man in der Brauereigaststätte Stierberg, die zur gleichnamigen Brauerei gehört. Stierberg 12, 84419 Obertaufkirchen, Tel. 08082/1851, www.brauereigaststaette-stierberg.de, So–Mi ab 18, Do ab 17.30 Uhr

↑ Beim Bräu im Moos
↗ Der Kapellplatz in Altötting

2 In Altötting kann man nicht nur beten

Es geht weiter Richtung Osten bis nach **Altötting**, wo die Besucher weniger wegen der Bierkultur, sondern aus eher religiösen Gründen unterwegs sind. Vom berühmten Kapellplatz, wo viele fromme Menschen ihre Wallfahrten unternehmen und Trost in der **Gnadenkapelle** mit den unzähligen Votivtafeln suchen, sind es gute eineinhalb Kilometer südwärts auf der Trostberger Straße bis zum Ortsteil Graming. Die Straße steuert direkt auf den **Graminger Weißbräu** zu, eine kleine Brauerei mit einem Traditionswirtshaus mit einem schönen Biergarten davor und einer interessanten Geschichte. Angefangen hat diese mit einem Schmiedemeister, der im Jahr 1900 anfing, den Bauern Bier und Brotzeit aufzutischen. Das entwickelte sich rasch zu einer kleinen Brauerei mit Wirtshaus weiter. Heute wird der Familienbetrieb von drei Schwestern aus der Familie Detter geführt, von denen zwei Braumeisterinnen sind. Spezialität des Hauses sind unfiltrierte Weißbiere, gebraut mit einheimischen Zutaten. Zum Sortiment gehören neben dem klassischen Weißbier, Graminger Berggeist, ein dunkler Weißbierbock und der Graminger Schwarzfahrer, ein dunkles, alkoholfreies Weißbier. Relativ neu ist der Graminger Deife, ein kräftiges Märzenbier. Dass die Schwestern großen Wert auf einheimische Qualität legen, hat ihnen schon etliche Auszeichnungen beschert.
Von Altötting sind es nur zehn Kilometer in das Landschaftsschutzgebiet Mörnbachtal und zu einem bei den Einheimischen beliebten Ausflugsziel. Dort liegt mitten im Grünen der **Bräu im Moos.** Eine stattliche Landbrauerei mit einem großzügigen und idyllischen Biergarten, von dem aus man einen guten Ausblick auf das Rotwildgehege hat, das ebenfalls zur Brauerei gehört. Die Brauerei ist im Sommer ein beliebtes Ziel von Radausflügen. In

Tipp

Der **Kapellplatz** in Altötting ist das Ziel unzähliger Wallfahrer. Zu dem achteckigen Platz im Zentrum von Altötting gehören die Gnadenkapelle mit der Schwarzen Madonna und vielen Votivtafeln sowie die Stiftspfarrkirche, die Jesuitenkirche und das Kloster St. Magdalena. Flankiert wird das Ensemble von zahlreichen Souvenirläden.

Der Marienbrunnen mit der Stiftspfarrkirche in Altötting

dem Familienbetrieb mit gut 150-jähriger Geschichte werden ganz klassisch Helles, Export, Dunkles und Weißbier sowie alkoholfreie Biere gebraut. Eine Spezialität sind hier die Magnumflaschen mit Schnappverschluss. Und eine weitere Besonderheit befindet sich im Keller: das hauseigene Brauereimuseum, das man gratis besichtigen kann. Es gibt auch Führungen für Gruppen. Beim Bräu im Moos kann man viel Zeit verbringen, die Einkehr im Biergarten oder im Gasthaus lässt sich hervorragend mit einem Besuch im Museum oder einem Spaziergang kombinieren.

DAS HOTEL RASPL'S TRAUMSCHMIEDE in Unterneukirchen südlich von Altötting bietet Bier-Wallfahrten an. Die Teilnehmer erwartet eine 16 Kilometer lange Wanderung, auf der man mit einem einheimischen Führer drei Brauereien besucht. Es gibt auch ein Angebot inklusive zwei Übernachtungen. Tüßlinger Straße 1, 84579 Unterneukirchen, Tel. 08634/1535, www.hotel-traumschmiede.de, April–Okt. jeweils Sa ab ca. 8.30 Uhr

3 Bei Herzögen und Raubrittern

Je weiter wir Richtung Südosten kommen, desto besser scheint die Gegend mit Brauereien gesegnet zu sein. Haben die Altöttinger schon etliche renommierte Braustätten vorzuweisen, bleibt es auf der weiteren Fahrt Richtung Traunstein weiter interessant. Das gilt vor allem für die **Schlossbrauerei Stein** eine halbe Autostunde weiter südlich. Zu der bedeutenden Höhlenburg gehört die Schlossbrauerei, wo seit dem 15. Jahrhundert Bier ausgeschenkt wird. Neben dem klassischen Sortiment gibt es die Heinz vom Stein Bio-Biere. Und beim Heinz handelt es sich nicht etwa um einen Bier-Önologen, sondern um einen legendären Raubritter, der hier einst in den Felshöhlen hauste. Dazu passend können sich die Gäste neben einer Brauereiführung mit Verkostung im Bräustüberl auch noch eine Tour durch die Höhlenburg auf den Spuren des Raubritters gönnen. Nicht versäumen sollte man zudem einen Ausflug hinauf zur gut 50 Meter hohen Nagelfluhwand, dem Steiner Felsen mit der Hochburg. Dort eröffnet sich ein herrlicher Blick Richtung Berge. Unten steht das neue Steiner Schloss, in dem seit über 70 Jahren ein Internat mit Gymnasium untergebracht ist.
Dass hier auf dem Land schon früh Bier gebraut wurde, hatte auch wirtschaftliche Gründe. Die bayerischen Herzöge aus dem Hause Wittelsbacher

Bei der Schlossbrauerei Stein gibt es auch Geschichten von wilden Raubrittern.

DIREKT NEBEN DER BRAUEREI auf dem Hügel oberhalb von Altenmarkt steht das Bräustüberl Baumburg. Gute regionale Küche, historische Stuben und schöner Gastgarten. Natürlich werden hier Baumburger Biere ausgeschenkt. Baumburg 12, 83352 Altenmarkt an der Alz, Tel 08621/5155, www.bräustüberlbaumburg.de, Mo–Sa 10.30–22, So 10–22 Uhr

genossen fast 200 Jahre lang bis 1798 gute Einkünfte durch das Weißbiermonopol. In diese Zeit fallen auch die Anfänge der **Klosterbrauerei Baumburg** bei Altenmarkt an der Alz. Der Weg hinauf zum einstigen Augustiner-Chorherren-Kloster lohnt sich nicht nur wegen der Brauerei samt Bräustüberl, sondern auch wegen der nostalgischen Atmosphäre rund um die alte Kirche. In der Brauerei wird Tradition mit Innovation geschickt kombiniert. »Wir produzieren viele Rohstoffe selbst, die Gerste wächst auf den Wiesen hinter der Brauerei, und wir haben eine eigene Stromerzeugung mit Wasserkraft«, sagt der Geschäftsführer Dominik Tapper. Neben den Klassikern, Export und Weißbier gibt es auch Kreationen wie den Stopfbock und den Weizeneisbock. Letzterer entsteht, indem Bockbier eingefroren und dabei Wasser entzogen wird. Mit rund zehn Prozent Alkohol ein sehr intensives Geschmackserlebnis. Das gilt auch für den Stopfbock, bei dem das Bier ein Jahr gelagert und dann mit einer speziellen Mischung aus fünf Hopfensorten angereichert wird. Da legt man schon mal zehn Euro für eine Flasche mit 0,7 Litern hin. Genießen kann man beide im Bräustüberl nebenan, wo mit der Wirtin Maria Schuhbeck eine Verwandte des weithin bekannten TV-Kochs am Herd steht.

Das ehemalige Chorherrenkloster in Baumburg bei Altenmarkt

↑Die Kirche St. Margareta in Baumburg
↖ Gaststube im Bräustüberl in Baumburg

4 In der Biermetropole Traunstein

Von Altenmarkt an der Alz fährt man eine knappe Viertelstunde auf der Bundesstraße B304 südwärts bis nach **Traunstein**. Diese Station hat auch den Beinamen Bierstadt. Neun Brauereien gab es hier früher, von denen immerhin noch drei aktiv sind. Bei diesen Betrieben gibt es glücklicherweise auch eine attraktive Gastronomie. Beim **Wochinger**, der sich gern die »kleinste Brauerei Traunsteins« nennt, lockt ein idyllischer Biergarten nur wenige Gehminuten vom Zentrum entfernt in der Oswaldstraße. Die Brauerei hat eine lange Geschichte, wurde 1587 in Vilshofen gegründet. Das Sortiment ist heute ganz klassisch mit Hellem, Dunklem, Zwickel, Weißbier und Pils, außerdem werden saisonale Bockbiere angeboten.
Ein echtes Traunsteiner Gewächs ist das **Hofbräuhaus Traunstein**. Das Bräustüberl, ein gestandenes bayerisches Wirtshaus, steht direkt am historischen Stadtplatz und die Brauerei ist nur wenige Schritte entfernt. Letztere gibt es schon seit 1612. Gebraut wird klassisch bayerisch mit Spezialitäten wie Holzfassbier, alkoholfreiem Zwickl und diversen Bockbieren. In der Brauerei werden auch Führungen angeboten.
Wer sich hier in Traunstein mit der Biertradition beschäftigen will, hat es gut. Man kann alles zu Fuß absolvieren, da die drei Brauereien recht nah beieinander liegen. Das gilt auch für die dritte Brauerei. Wenige Schritte vom Stadtplatz entfernt in einer Seitengasse am Taubenmarkt versteckt sich die **Schnitzlbaumer Brauerei** samt Gasthaus. Dort führen Stephanie und Philipp Frauendörfer den Betrieb, der neben Hellem, Export, Pils, Weißbier und Bock auch neuzeitliche Ale-Kreationen wie das Chiemgauer Pale Ale und das Indian Pale Ale zu bieten hat. Das Gasthaus ist ebenso wie die

Beim Wochinger gibt es einen schönen Biergarten.

↑ Beim Maischen werden Malzschrot und Wasser vermengt (oben).
↑ Jede Traunsteiner Brauerei hat ihr eigenes Gasthaus.
↗ Blick zur Stadtpfarrkirche St. Oswald

Brauerei klassisch bayerisch ausgerichtet, bietet passend zur Küche auch ein gediegen rustikales Interieur inklusive Blick auf den Sudkessel.
Der **Salinenpark** in der Kohlbrennerstraße südlich des Stadtplatzes ist ein neues, erst 2019 eröffnetes Freilichtmuseum, das mit zahlreichen historischen Exponaten den Bau der weltweit ersten Pipeline, der Soleleitung zwischen Traunstein und Bad Reichenhall im Jahr 1619, dokumentiert. Teil der Anlage ist auch ein Apothekergarten mit rund 170 Heilpflanzen.

Jedes Jahr am Ostermontag findet der Georgiritt in Traunstein statt.

Michael
Gapper
Mallstätten

Auch in Schönram gibt es eine eigene Brauereigaststätte.

5 Bierkult im Berchtesgadener Land

Der letzte Abschnitt dieser Tour führt schließlich von Traunstein in den südöstlichsten Winkel Oberbayerns. Auf der gut ausgebauten Bundesstraße geht es zunächst geradewegs ostwärts Richtung Teisendorf. Dort ist die **Privatbrauerei Wieninger** seit sieben Generationen zu Hause und braut nicht nur klassische Sorten. Das Sortiment ist ausgesprochen kreativ mit etlichen Eigenkompositionen und diversen Bockbieren mit bis zu 14 Prozent Alkohol. Beim Wieninger kann man sich nicht nur über die Produkte informieren. In der Bier-Werkstatt kann man auch selbst Hand anlegen und an einem Tag lernen, wie man Bier braut. Vier bis sechs Wochen später erhält man seine Eigenkreation zugesandt. Natürlich gibt es auch hier das dazu gehörende Wirtshaus gleich ums Eck. Der Braugasthof Alte Post ist ein echtes bayerische Wirtshaus mit stilgerechtem Innenleben, herzhafter, auch vegetarischer Küche und natürlich Wieninger Bieren und Mixgetränken.
Von Teisendorf aus macht die Reise einen Schlenker nach Norden Richtung Waginger See. Gut sechs Kilometer sind es bis Schönram, wo direkt an der Hauptstraße die gleichnamige Brauerei steht, die aus einer historischen Tafernwirtschaft hervorgegangen ist. Die **Landbrauerei Schönram** hat für

ihre klassischen Biere schon etliche Preise unter anderem beim World Beer Cup gesammelt. Dass zum Sortiment auch etliche Pale Ale gehören wie das Bayerisch Pale Ale, Indian Stout oder India Pale Ale, das liegt vor allem am amerikanischen Braumeister Eric Toft, der schon viele Jahre in Bayern arbeitet und dem die klassische Brautradition auch nicht fremd ist. Traditionell bayerisch ist in Schönram auch der Biergarten des Bräustüberls auf der gegenüberliegenden Straßenseite. Zum Standardangebot in Schönram gehören auch Brauereiführungen.
Die letzte Etappe führt zurück nach Teisendorf und danach vorbei am ehemaligen Kloster Höglwörth, am herrschaftlich gelegenen Dorf Anger bis Bad Reichenhall und von dort nach Berchtesgaden. Nur ein paar Meter von der Bundesstraße B305 und vom Ufer der Berchtesgadener Ache entfernt steht das alteingesessene **Hofbrauhaus Berchtesgaden**, das 1645 durch Fürstpropst Ferdinand, Herzog von Bayern, als »fürstliches Präuhaus« gegründet worden ist. Zwischendurch waren Thurn und Taxis und ein Münchner Bierkonzern die Besitzer, aber seit 2008 ist es wieder in einheimischer Hand. Gebraut wird heute ganz klassisch. Eine besondere Spezialität ist der Eisbock, der in Eiskellern nachreifen kann. Verkosten kann man dieses und andere Biere im benachbarten Bräustüberl, einem Traditionsgasthaus mit entsprechender Küche. Dass man hier ganz nah an Salzburg ist und Berchtesgaden einst zu selbigem gehörte, das merkt man auch an der Speisekarte, auf der auch Frankfurter und Erdäpfelsalat aufgelistet sind.

DIREKT GEGENÜBER AUF DER anderen Seite der Berchtesgadener Ache steht die Watzmann Therme, ein modernes Erlebnisbad mit mehreren Becken, 80-Meter-Rutsche, Sauna und Solebad. Bergwerkstraße 54, 83471 Berchtesgaden, Tel. 08652/94640, www.watzmann-therme.de, tgl. 10–22 Uhr

AUCH DAS SALZBERGWERK, Berchtesgadens bekannteste Sehenswürdigkeit, ist nur wenige Meter entfernt. Der Ausflug in die Unterwelt mit Stollen, Spiegelsee und Heilstollen ist für Jung und Alt ein Erlebnis. Bergwerkstraße 83, 83471 Berchtesgaden, Tel. 08652/60020, www.salzbergwerk.de, April–Okt. tgl. 9–16.30, Nov.–März tgl. 11–15 Uhr, regelmäßige Führungen

Auf einen Blick

Region: Südöstliches Oberbayern
Beste Reisezeit: April–Oktober
Touristinfos:
Tourismus Oberbayern München e.V.:
www.oberbayern.de
Touristinfo Traunstein:
www.traunstein.de
Touristinfo Berchtesgaden:
www.berchtesgaden.de

AKTIV UNTERWEGS

Brauerei Lohmeier (Bräu z'Loh): Loh 7, 84405 Dorfen, Tel. 08082/442, www.braeuzloh.de, Mo–Fr 8–18, Sa 8–12, Ostern–Mitte/Ende Okt. auch Sa 15–18 Uhr
Weißbierbrauerei Unertl: Lerchenberger Straße 6, 83527 Haag in Oberbayern, Tel. 08072/8297, www.unertl.de, Bräustüberl: Lerchenberger Straße 2, Tel. 08072/2965, www.unertl-braeustueberl.de, Mi–Sa ab 16, So ab 10 Uhr
Schloss Haag: Maria-Ward-Straße 12, 83527 Haag, Tel.08072/91990, www.markt-haag.de, Burggelände frei zugänglich, Schlossturm nur mit Führung
Gnadenkapelle: Kapellplatz, 84503 Altötting, Tel. 08671/506219, www.altoetting.de
Graminger Weißbräu: Graming 79, 84503 Altötting, Tel. 08671/96140, www.graminger-weissbraeu.de, Mo, Di, Fr ab 16, Sa, So ab 11 Uhr
Bräu im Moos: Bräu im Moos 1, 84577 Tüssling, Tel. 08633/1041, www.braeuimmoos.de, aktuelle Öffnungszeiten siehe Webseite
Schlossbrauerei Stein: Schlosshof 2, 83371 Traunreut, Tel. 08621/98320, www.steiner-bier.de, Mo–Do 7–12 und 13–16, Fr 7–12 Uhr
Klosterbrauerei Baumburg: Baumburg 20, 83352 Altenmarkt an der Alz, Tel. 08621/98260, www.baumburger.de, Mo–Fr 7–12 und 13–17 Uhr
Wochinger Brauhaus: St.-Oswald-Str.4, 83278 Traunstein, Tel. 0861/3045, www.wochinger-brauhaus.com, Mai–Mitte Sept. tgl., sonst Di–So 10–24 Uhr
Hofbräuhaus Traunstein: Stadtplatz 20, 83278 Traunstein, Tel. 0861/4379, www.hb-ts.de, Führungen Mo um 11, 14 und 18, Di, Mi 11 und 14, Do 18, Sa 11 Uhr
Schnitzlbaumer Brauerei: Taubenmarkt 11a, 83278 Traunstein, Tel. 0861/986650, www.schnitzlbaumer.de, tgl. ab 11 Uhr
Salinenpark: Kohlbrennerstraße, 83278 Traunstein, www.traunstein.de

Im Restaurant Berchtesgadener Esszimmer (S. 145) isst man vorzüglich.

Privatbrauerei Wieninger: Poststraße 1, 83317 Teisendorf, Tel. 08666/8020, www.wieninger.de, Mo–Mi 7.30–17, Do 7.30–16.30, Fr 7.30–12.30 Uhr
Landbrauerei Schönram: Salzburger Straße 17, 83367 Petting/Schönram, Tel. 08686/9880, www.schoenramer.de, Mo–Do 7–12 und 13–16, Fr 7–12 Uhr
Hofbrauhaus Berchtesgaden: Bräuhausstraße 15, 83471 Berchtesgaden, Tel. 08652/96640, www.hofbrauhaus-berchtesgaden.de, Mai–Okt. Mo–Fr 8–19, Sa 8–12 und 16–19, So 10–12, Nov.–April Mo–Fr 8–18, Sa 8–12 Uhr

ÜBERNACHTUNG

Jugendherberge Berchtesgaden: Struberberg 6, 83483 Bischofswiesen, Tel. 08652/94370, www.jugendherberge.de **€**
Hotel Plankl: Schlotthamer Straße 4, 84503 Altötting, Tel. 08671/6522, www.hotel-plankl.de **€€**
Hotel Edelweiss: Maximilianstraße 2, 83471 Berchtesgaden, Tel. 08652/97990, www.edelweiss-berchtesgaden.com **€€€**

STELL- UND CAMPINGPLÄTZE

Camping-Resort Allweglehen: Allweggasse 4, 83471 Berchtesgaden, Tel. 08652/2396, www.allweglehen.de
Alpen Camp Siegsdorf: Aigen 4, 83313 Siegsdorf, Tel. 08662/2576, www. alpencamp-siegsdorf.de

Auf der Deutschen Alpenstraße bei Ramsau

Route 6

Berge, baden, bummeln – die Dt. Alpenstraße

Route 6

Berge, baden, bummeln – die Deutsche Alpenstraße

Die Deutsche Alpenstraße ist die älteste Ferienstraße Deutschlands. Dass sie ein Klassiker und auch heute noch sehr populär ist, liegt ganz besonders an ihrer attraktiven Streckenführung.

Initiiert wurde sie vor knapp 100 Jahren als Verbindung zwischen dem Bodensee und dem Königssee. Gut die Hälfte der rund 450 Kilometer langen Deutschen Alpenstraße verläuft durch Oberbayern, dabei streift sie viele interessante Orte und Sehenswürdigkeiten. Wir starten im Passionsspielort ❶ **Oberammergau**, fahren über **Ettal** und Oberau bis Garmisch-Partenkirchen. Von dort geht es weiter Richtung Osten vorbei am Olympiastadion bis Klais, Krün und Wallgau. Entlang am ❷ **Walchensee**

und am tiefer gelegenen **Kochelsee** geht die Reise auf gut ausgebauten Straßen weiter bis ❸ **Bad Tölz**. Dort biegt man rechts ab in das Isartal, fährt über **Lenggries** bis zum Sylvensteinstausee und biegt dort links ab Richtung ❹ **Tegernsee**. Am Ostufer des Tegernsee geht es weiter über Rottach-Egern bis Gmund und dort rechts kurz bergauf über Ostin zum Schliersee und nach ❺ **Bayrischzell.** Die Fahrt über das rund 1000 Meter hoch gelegene Sudelfeld und dann hinunter ins Inntal ist der einzige wirklich alpine Abschnitt auf dieser Tour. Über Frasdorf, Aschau und Bernau, wo man kurz das Südwestufer des Chiemsees streift, geht es weiter über den sanften Masererpass bis nach ❻ **Reit im Winkl**. Auf einer gut ausgebauten Straße kommt man nach Ruhpolding, hält sich dann rechts Richtung Inzell, das man nach etlichen Kurven erreicht. In Inzell führt die Straße wieder weiter in die Berge hinein, passiert auf der teils recht kurvigen, aber übersichtlichen Strecke gemütliche, kleine Bergdörfer wie Weißbach, Schneizlreuth und Ramsau, bis ❼ **Berchtesgaden** erreicht ist. Von dort sind es rechts nur wenige Kilometer bis zum **Königssee** und zum großen Parkplatz direkt am Seeufer.

1 Passion und Pracht in Oberammergau

Mit dem Start zu dieser Tour kann man sich ruhig etwas Zeit lassen. Denn bereits in Oberammergau gibt es viel zu sehen. Bekannt ist der Ort auf 837 Metern Höhe in den Ammergauer Alpen für die Passionsspiele, die alle zehn Jahre stattfinden und auf ein Gelöbnis während der Pestzeit im Jahr 1633 zurückgehen. Die Aufführungen finden in dem modernen **Passionsspielhaus** statt, ein Großteil der einheimischen Bevölkerung spielt als Darsteller mit. Bis zu eine halbe Million Zuschauer kommen zu dem Ereignis. Typisch für Oberammergau sind auch die Tradition der Herrgottsschnitzereien, die man in zahlreichen authentischen und auch billigen Läden erwerben kann, und die bunten und verspielten Lüftlmalereien an den Hausfassaden. Nach dem Start in Oberammergau sind es nur fünf Kilometer bis **Ettal**. Der kleine Ort direkt an der Deutschen Alpenstraße ist vor allem für die große Benediktinerabtei mit ihrer fast 700-jährigen Geschichte bekannt. Unterbrochen wurde diese nur durch 100 Jahre Zwangspause nach der Säkularisation 1803. Heute gehören die barocke Basilika, das Gymnasium mit Internat, das Klosterhotel »Ludwig der Bayer«, das Restaurant Bräustüberl, die Brauerei und eine Likörmanufaktur zu dem Komplex. Teil des Klosters ist außerdem eine eigene Landwirtschaft. Man kann hier also durchaus auch weltlichen Genüssen nachgehen. Das Internat, um das es vor einigen Jahren negative Schlagzeilen wegen Missbrauchsvorfällen gegeben hat, wird 2024 geschlossen.

AM ORTSRAND VON Oberammergau befindet sich das Erlebnisbad WellenBerg in schöner, aussichtsreicher Lage mit Außen- und Innenbecken, Sauna und Dampfbad, großer Liegewiese und Bistro. Himmelreich 52, 82487 Oberammergau, Tel. 08822/92360, www.wellenberg-oberammergau.de

DIE GRÖBL ALM ist ein typisches bayerisches Restaurant im Graswangtal, etwa auf halbem Weg von Ettal zum Schloss Linderhof. Dort erwarten Gäste holzgetäfelte Stuben, eine große Terrasse und regionale Küche mit Produkten aus der eigenen Landwirtschaft. Am Raut 1, 82488 Ettal, Tel. 08822/6434, www.groebl-alm.de, Mi–So ab 11.30 Uhr

↑ Unterwegs im Zentrum von Oberammergau
↗ Das Kloster Ettal ist auch bekannt für kulinarische Pretiosen.

Bei Ettal zweigt die Straße rechts ins Graswangtal ab. Von dort sind es etwa zehn Kilometer bis zum berühmten **Schloss Linderhof.** Das einstige Forsthaus von König Maximilian II., dem Vater von König Ludwig II., ließ Letzterer ab 1867 feudal ausbauen. Ein byzantinischer Palast sollte daraus entstehen, aber dazu kam es nie. Prachtvoll ist das Schloss samt weitläufiger, aufwendiger Parkanlage mit Marokkanischem Haus und Maurischem Kiosk dennoch und einen ausgiebigen Besuch wert.

↑ Die Hütten am Walchensee stammen von der Wiki-Verfilmung.
↗ Der Kesselberg verbindet Kochel- und Walchensee.

2 Vom Walchen- zum Kochelsee

Von Garmisch-Partenkirchen kommt man auf der breiten und gut ausgebauten Straße über Klais und Krün bis zum Südufer des **Walchensees**. Hier schlängelt sich die Straße am Westufer entlang und bietet schöne Ausblicke auf den weiten und dunklen See, der stolze 16 Quadratkilometer groß ist. Um den See ranken sich viele interessante Geschichten. Wussten Sie, dass der See, der im Sommer ein beliebtes Baderevier ist, schon mehrfach für Wikingerfilme als Drehort genutzt wurde? An die Produktion von »Wiki und die starken Männer« erinnern noch einige übrig gebliebene Hütten am Seeufer. Der bis zu 190 Meter tiefe See ist aber auch von Tauchern sehr geschätzt, was vermutlich auch mit den am Grund liegenden zwei Flugzeugen aus dem Zweiten Weltkrieg zu tun hat.
Mit dem benachbarten und 200 Meter tiefer liegenden **Kochelsee** verbindet ihn das **Walchenseekraftwerk**, das 1924 erbaut worden ist und das Gefälle zwischen den beiden Seen nutzt. Dabei wird das Wasser durch sechs Rohre geleitet, die 430 Meter lang sind und Durchmesser von bis zu 2,25 Meter

DAS FRANZ-MARC-MUSEUM steht gleich zu Beginn der Ortschaft Kochel rechts oberhalb der Straße. Marc war neben Gabriele Münter und Wassily Kandinsky prominentestes Mitglied der Künstlergruppe »Blauer Reiter«, die in der Gegend rund um den Kochelsee und Murnau zur Jahrhundertwende sehr aktiv war. Mittenwalder Straße 50, 82431 Kochel am See, Tel. 08851/924880, www.franz-marc-museum.de, April–Okt. Do–So 10–18, Nov.–März bis 17 Uhr

DER GRAUE BÄR ist ein Hotel-Gasthof am Südrand von Kochel mit schönem Biergarten direkt am See und gutbürgerlicher Küche. Mittenwalder Straße 82–86, 82431 Kochel am See, Tel. 08851/92500, www.grauer-baer.de, Do–Di 11.30–23, Sommer auch Mi ab 17 Uhr

haben. Pro Jahr liefern sechs Turbinen etwa 300 Millionen Kilowattstunden umweltfreundliche Energie. Zum Informationszentrum mit Ausstellung und Gastronomie kommen jährlich bis zu 100 000 Besucher.
Die Verbindungsstraße zum Kochelsee führt über den **Kesselberg**. Die steile, kurvige Strecke, die früher für Auto- und Motorradrennen genutzt wurde, ist heute aus Sicherheitsgründen aber streng limitiert. Durchgehend sind hier nur noch 60 Kilometer pro Stunde erlaubt. Der Kochelsee ist mit etwa sechs Quadratkilometern wesentlich kleiner als der Walchensee und liegt direkt am Rand der Berge.

200 Meter Höhenunterschied absolviert das Wasserkraftwerk am Kochelsee.

3 Brauchtum in Bad Tölz und Lenggries

Nur wenige Kilometer trennen die beiden Traditionsorte an der Isar. Auf der Fahrt auf der Deutschen Alpenstraße biegt man eigentlich am Ortsrand von Bad Tölz direkt rechts ab Richtung Lenggries, aber man sollte den Abstecher in das schöne Zentrum von **Bad Tölz** nicht versäumen. Der Ort besitzt eine lange und wichtige Geschichte als Handelsstation. Vor allem als Stützpunkt der Flößer, die Rohstoffe einst auf der Isar Richtung München transportierten, hatte der Ort große Bedeutung. Von der Isarbrücke führt die zentrale Marktstraße leicht bergauf, sie ist gesäumt mit stattlichen Bauten mit opulenten Verzierungen und Lüftlmalereien. Ein besonders schönes Exemplar ist das alte Rathaus. Viele Jahre war Bad Tölz ein bedeutender Kurort mit dem Alpamare, dem ersten rein privaten Erlebnisbad in Europa. Dieses wurde allerdings 2015 aus wirtschaftlichen Gründen geschlossen. Im historischen Heimat- und Bürgerhaus ist das Stadtmuseum eingerichtet. Dort wurde auch für die TV-Serie »Der Bulle von Tölz« viel gedreht, der dem Ort allerhand Popularität bescherte.

Ottfried Fischer spielte bis 2009 den »Bullen von Tölz«.

Die Stie Alm liegt mitten im Skigebiet Brauneck und ist über rote Pisten erreichbar.

Auf der Straße isaraufwärts Richtung Berge kommt man nach zehn Kilometern nach **Lenggries**. Der kleine Ort hat einen exzellenten Ruf in Sachen Wintersport. Dank des Hausbergs Brauneck und seiner sportlichen Skipisten waren und sind in Lenggries zahlreiche erfolgreiche Skifahrer zu Hause, etwa Michaela Gerg und Martina Ertl.

DER WAHRSCHEINLICH SCHÖNSTE Aussichtspunkt in Bad Tölz ist der Kalvarienberg. Dorthin führt von der Marktstraße ein schmaler und teils etwas steiler Fußweg, auf dem man nach etwa zehn Minuten den Berg mit der Kreuzkirche und der Leonhardikapelle erreicht. Von oben hat man einen herrlichen Blick auf Bad Tölz, das Isartal und die umliegenden Berge. Im Mittelalter befand sich hier eine Hinrichtungsstätte samt Galgen.

EIN BESONDERES SCHMUCKSTÜCK bayerischer Tradition ist das rund zehn Kilometer nördlich von Bad Tölz gelegene Kloster Reutberg auf einem Hügel über dem Kirchsee. Neben dem Kloster der Franziskanerinnen gibt es die ausgesprochen nostalgische Brauerei und nebenan einen stattlichen Brauereigasthof mit verlockendem Biergarten. Am Reutberg 2, 83679 Sachsenkam, Tel. 08021/8686, www.klosterbraeustueberl.de, tgl. 10–23 Uhr

Viele schöne Kurven und fantastische Ausblicke am Sylvensteinstausee

4 Am noblen Tegernsee

Als Ausflugsziel oder Zweitwohnsitz ist kaum ein Ort von München aus so begehrt wie der Tegernsee. Er ist nur 50 Kilometer von der Metropole entfernt und liegt wie gemalt am Rande der bayerischen Berge. Die Deutsche Alpenstraße nähert sich dem Tegernsee vom **Sylvensteinstausee** herkommend, absolviert eine längere Passage auf einer gut ausgebauten, weitgehend geraden Straße. Kurz vor dem Südufer des Tegernsees passiert man das idyllische Bergdorf Kreuth mit dem geschichtsträchtigen Ableger Wildbad Kreuth, das von der Straße aber nicht zu sehen ist.

Erste Station am Tegernsee ist das noble **Rottach-Egern**. Ein Spaziergang bietet sich auf der Seestraße entlang der Egerner Bucht an, dem wohl schönsten Teil des Ortes. Sein Fahrzeug kann man direkt an der Hauptstraße gegenüber dem Seeforum auf dem öffentlichen Parkplatz stehen lassen. Der Übergang von Rottach-Egern zur Ortschaft **Tegernsee** ist fast fließend. Das bekannteste Bauwerk ist das Schloss direkt am Seeufer, das vom achten bis zum frühen 19. Jahrhundert ein mächtiges Benediktinerkloster war, dann aber vom bayerischen Königshaus der Wittelsbacher zu deren Schloss umfunktioniert wurde. Heute beherbergt das Schloss ein Gymnasium und das berühmte Bräustüberl, ein ebenso rustikales wie großes Wirtshaus. Auf dem Parkplatz vor dem Schloss ist fast immer viel los, weil die Besucher nicht nur ins Bräustüberl wollen, sondern man von hier aus auch Spaziergänge am Seeufer entlang bis zur Halbinsel Point unternehmen kann.

Auf der Weiterfahrt Richtung Norden kommt man am **Strandbad Tegernsee** vorbei. Hier gibt es eine Liegewiese, eine Monte-Mare-Seesauna und ein Restaurant. Außerdem man kann mit dem Saunaschiff eine schweißtreibende Pause der maritimen Art machen. Danach fährt man über St. Cy-

AM NÖRDLICHSTEN PUNKT des Tegernsees bei Gmund residiert das Gut Kaltenbrunn. Einst gehörte der herrschaftliche Gutshof zum Kloster Tegernsee. Heute ist dort ein nobles Restaurant von Feinkost Käfer aus München untergebracht. Sehr gute Küche, fantastische Aussicht von der Terrasse und das alles zu standesgemäßen Tarifen. Kaltenbrunn 1, 83703 Gmund, Tel. 08022/1870700, www.feinkost-kaefer.de/gutkaltenbrunn-wirtshaus, Mi–So 12–22 Uhr

Blick von der Terrasse des Guts Kaltenbrunn auf den Tegernsee

prian bis kurz vor Gmund. Auf der Höhe des weitläufigen Strandbads erreicht man einen Kreisverkehr, wo es rechts bergauf nach **Ostin** weitergeht. Gute zwei Kilometer weiter oben kann man nicht nur einen erstklassigen Blick auf den See genießen, mit den Ostiner Stuben gibt es auch ein exzellentes Restaurant mit regionaler Küche auf Gourmetniveau.

KURZ VOR KREUTH KANN MAN ausgehend vom Parkplatz neben der Straße einen kurzen Spaziergang zum Wildbad Kreuth unternehmen. Das einstige Heilbad des Klosters Tegernsee residiert an einer Lichtung, war viele Jahre Sitz der CSU, bis es dann zu einem noblen Wellnessresort umfunktioniert werden sollte. Nebenan befindet sich das Gasthaus Altes Bad, etwas unterhalb gibt es zudem die Herzogliche Fischerei mit Einkehrmöglichkeit und ein Stück sanft bergauf mit Siebenhütten eine gemütliche bewirtschaftete Berghütte.

5 Bayrischzell und Wendelstein

Auf dem Weg von Tegern- und Schliersee Richtung Inntal erreicht und umrundet die Deutsche Alpenstraße **Bayrischzell**. Der beliebte Urlaubsort liegt auf einem offenen Talboden auf der Südseite des Wendelsteins und am Nordrand der Rotwand. Die Lage von Bayrischzell ist ideal für Bergwanderungen im Sommer und für Skitage im Winter. Bereits bei der Hinfahrt passiert man in Osterhofen die Talstation der Seilbahn hinauf zum **Wendelstein**. Östlich von Bayrischzell schraubt sich die Straße mit vielen Kurven hinauf zum **Sudelfeld**, einem der größeren Skigebiete in den bayerischen Alpen. Bayrischzell hat also einen attraktiven Freizeitwert, entsprechend dominiert auch der Tourismus mit zahlreichen Hotels und Gasthöfen das Ortsbild.

Als Spaziergang bietet sich ein Abstecher ins Zentrum an. Die wichtigsten klassischen Sehenswürdigkeiten befinden sich rund um den zentralen Kirchplatz. Dazu zählt die **St.-Margareth-Kirche** von 1733 mit einem prachtvollen Hochaltar aus dem 17. Jahrhundert. Im historischen **Peterhof** aus dem 16. Jahrhundert befindet sich ein Kino, das früher Viehstall war. Nur wenige Meter entfernt steht die **Königslinde**, die 1858 zu Ehren der Besteigung des Wendelsteins durch den Bayerischen König Max II. gepflanzt wurde. Und an den Pionier der Gebirgstrachten Josef Vogel erinnert ein

Die Zahnradbahn erklimmt den Wendelstein vom Inntal aus.

Tipp

Seit 1970 gibt es die Seilbahn auf den **Wendelstein** mit den großen Kabinen für 50 Passagiere. Vom Ortsteil Osterhofen westlich von Bayrischzell startet sie auf knapp 900 Metern Höhe und bringt Fahrgäste in rund sieben Minuten bis zur Bergstation auf 1724 Metern Höhe. Oben gibt es eine Gastronomie, eine kleine Kirche und die Wendelsteinhöhle. Unbedingt besuchen sollten sie den Gachen Blick, eine exponierte Aussichtskanzel mit herrlichen Ausblicken. Alternativ bietet sich die Zahnradbahn von Brannenburg aus an. Die Fahrt hinauf auf den Wendelstein dauert zwar länger (eine knappe halbe Stunde), ist aber gemütlicher. Seilbahn: Osterhofen 90, 83735 Bayrischzell, Tel.08034/3080, Zahnradbahn: Sudelfeldstraße 106, 83098 Brannenburg, Tel. 08034/3080, www.wendelsteinbahn.de

weiteres Denkmal. Auch im nahen Weiler **Geitau** stehen etliche historische Bauernhöfe aus dem 16. und 17. Jahrhundert.
Die Straße über das Sudelfeld und auf der Tatzlwurmstraße ins Inntal ist steil und kurvenreich. Für Wohnmobilfahrer ist die Variante vom Sudelfeld direkt nach Brannenburg eine etwas leichtere Alternative.

DAS HISTORISCHEN MÜHLENGEBÄUDE des Dorfbads Tannermühl direkt bei einem acht Meter hohen Wasserfall ist ein charmantes Day Spa und damit ideal für eine ausgiebige Pause unterwegs. Eine Altholz-Stadlsauna, zwei Wannenbäder vor dem Wasserfall, ein Tauchbecken und Massagen gehören zum Angebot. Tannermühlstraße 23, 83735 Bayrischzell, Tel. 0172/5685698. www.almbad.de

↓ Im Dorfbad Tannermühl in Bayrischzell
↘ Schöne Kurven auf dem Sudelfeld Richtung Inntal

Die Seilbahn auf
den Wendelstein
bei Bayrischzell

Die Region rund um die Winkl-
moosalm ist bei Wanderern und
Mountainbikern sehr beliebt.

6 Reit im Winkl und die Winklmoosalm

Von Unterwössen und Hinterwössen führt eine gut ausgebaute Straße südwärts über den nur 800 Meter hohen Masererpass zu einem der bekanntesten Urlaubsorte in den bayerischen Alpen. **Reit im Winkl** liegt in einem sonnenreichen Becken auf rund 700 Metern Höhe direkt an der Grenze zu Tirol. Begonnen hat die touristische Karriere von Reit im Winkl mit adligen Sommerfrischlern im 18. und 19. Jahrhundert. Im Winter hat man hier sehr gute Voraussetzungen mit dem Skigebiet auf der Winkelmoosalm und zahlreichen Langlaufloipen rund um das Dorf. Im Sommer ist Reit im Winkl ein idealer Ausgangspunkt für Wanderungen und Radausflüge. Außerdem gibt es einen grenzüberschreitenden Golfclub zusammen mit den Nachbarn in Kössen. Den erreicht man auf der Straße durch das Ortszentrum, wenn man weiter Richtung Kössen fährt.
Beliebte Ausflugsziele in der näheren Umgebung sind die **Winklmoosalm**, eine Hochalm, die man vom Seegatterl aus mit einer modernen Seilbahn erreichen kann, und die idyllische **Hemmersuppenalm**. Letztere erreicht man vom Ortsteil Blindau aus entweder zu Fuß auf einer steilen Straße oder mit einem Geländewagentaxi des Alpengasthofs Hindenburghütte.
Weiter nach **Ruhpolding** kommt man auf der gut ausgebauten Straße vorbei am Seegatterl und mehreren Seen. Danach schlängelt sich die Deutsche Alpenstraße über etliche Hügel ostwärts bis nach **Inzell** und dort rechterhand hinein in die Berge.

DIREKT IM ZENTRUM VON Reit im Winkl steht das Grillhaus Alte Schmiede. Ein Restaurant in einem historischen Bauernhaus, das auf Grillgerichte spezialisiert ist. Gehobene Preisklasse. Hausbergstraße 3, 83242 Reit im Winkl, Tel. 08640/98120, www.alteschmiede.de, Mi–Mo ab 17 Uhr

AUF DEM WEG VON Reit im Winkl nach Ruhpolding kommt man kurz nach dem Biathlonzentrum beim Alpengasthof Laubau vorbei. Hier schmecken das Kasspatzn-Pfandl und der Kaiserschmarrn besonders gut. Laubau 4. 83324 Ruhpolding, Tel. 08663/5908, www.wirtshaus-laubau.de, Mi–Mo ab 11.30 Uhr

BIS 1912 WURDE AUF dem Platz des heutigen Holzknechtmuseums viel Holz für die Saline in Traunstein geschlagen, der Beruf des Holzknechts war weit verbreitet und auch beschwerlich. Im Museum samt Freigelände kurz vor Ruhpolding erlebt man eine spannende Zeitreise. Laubau 12, 83324 Ruhpolding, Tel. 08663/639, www.holzknecht museum.com, Mai–Okt. Di–So 10–17 Uhr

7 Auf königlichen Spuren in Berchtesgaden

Die letzten Kilometer auf der Deutschen Alpenstraße werden noch recht unterhaltsam. Über Schneizlreuth fährt man bergauf und bergab mit etlichen Kurven vorbei an Ramsau bis nach **Berchtesgaden**. Direkt vor dem Bahnhof hat man die Wahl, ob man links einen Abstecher ins Zentrum macht oder gleich rechts beim Kreisverkehr die letzten Kilometer bis zum Königssee ansteuert. Die Fußgängerzone in Berchtesgaden ist jedenfalls sehenswert und spiegelt die Historie des Ortes wider, wo über viele Jahre das bayerische Königshaus der Wittelsbacher zur Jagd residierte. Vor allem Prinzregent Luitpold von Bayern jagte viel im Berchtesgadener Land. Aus der Zeit stammen das Schloss und die Königsvilla, in der sich heute Privatwohnungen befinden. Im Schloss, das bis zur Säkularisation ein Augustiner Chorherrenstift war, gibt es eine Ausstellung mit einer Kunstsammlung der Wittelsbacher.

Berchtesgaden ist dank seiner Lage ein idealer Ausgangspunkt für unterschiedlichste Ausflüge in die Bergwelt. Am südlichen Ortsrand in bester

↓ Das Haus der Berge informiert auch über Luchse.

↘ Der Große Speisesaal im Schloss Berchtesgaden

Berchtesgaden mit dem Watzmann im Hintergrund ist ein beliebtes Fotomotiv.

Die Wallfahrtskirche Maria Gern liegt etwas oberhalb von Berchtesgaden.

Aussichtslage zum Watzmann steht das **Haus der Berge**. Der moderne Bau ist das Informationszentrum des Nationalparks Berchtesgaden. Hier gibt es die Dauerausstellung »Vertikale Wildnis« zu sehen, in der man die Naturlandschaft rund um den Königssee erleben kann. Die Ausstellungen erstrecken sich auch auf das Außengelände. Wer sich für die spezielle Geschichte des benachbarten **Obersalzbergs** interessiert, für den lohnt sich ein Besuch des Dokumentationszentrums, das 1999 eröffnet und vor Kurzem erweitert wurde. Die Ausstellung über die Zeit der Nazi-Herrschaft sollte gegen die kommerziellen Auswüchse des Kehlsteintourismus wirken, wo viele Menschen zum einstigen Hitler-Bergquartier pilgern. Alpinisten zieht es vor allem zum nahen **Watzmann**, eher gemütliche Menschen zu einer Schifffahrt auf dem **Königssee**. Am großen Parkplatz direkt vor dem Königssee und der Schiffsanlegestelle starten die Elektroboote der Bayerischen Schifffahrt Richtung St. Bartholomä mit der barocken Kirche mit den beiden Zwiebeltürmen. Von dort geht es weiter bis zur südlichsten Anlegestelle Salet, wo man einen Spaziergang zum einsamen Obersee und zur urigen Fischunkelalm machen kann.

Der Auzinger am Hintersee ist ein typisches bayerisches Wirtshaus.

Mit dem Elektroboot kann man auf dem Königssee nach St. Bartholomä fahren.

ERST VOR WENIGEN JAHREN wurde die bis dahin über 60 Jahre alte und recht antiquierte Seilbahn zum 1873 Meter hohen Jenner erneuert. Seitdem ist die Fahrt zur Bergstation wesentlich flotter und komfortabler. Im Sommer genießt man herrliche Aussichten, die Bergstation ist Ausgangspunkt für viele eindrucksvolle Wandertouren. Und es gibt auch ein Bergrestaurant. Jennerbahnstraße 18, 83471 Schönau am Königssee, Tel. 08652/95810, www.jennerbahn.de, Restaurant tgl. 9.30–16 Uhr

EIN BILDERBUCHWIRTSHAUS in historischem Gemäuer ist das Gasthaus Auzinger, das nur wenige Schritte vom romantischen Hintersee bei Ramsau entfernt ist. Im Haus gibt es auch schöne Gästezimmer. Hirschbichlstraße 8, 83486 Ramsau, Tel. 08657/230, www.auzinger.de, Do geschl.

DAS BERCHTESGADENER ESSZIMMER ist ein kleines, feines Restaurant im Nonntal etwas abseits des Zentrums. Anspruchsvolle regionale Küche mit hochwertigen Zutaten wie etwa Fischen und Kaviar aus den nahen Grödig. Nonntal 7, 83471 Berchtesgaden, Tel. 08652/6554301, www.esszimmer-berchtesgaden.com, Di–Sa ab 18 Uhr

Auf einen Blick

Region: Bayerische Alpen
Beste Reisezeit: Mai–Oktober
Touristinfos:
Tourismus Oberbayern München e.V.: www.oberbayern.de
Zweckverband Bergerlebnis Berchtesgaden: www.berchtesgaden.de
Chiemgau Tourismus e.V.: www.chiemsee-chiemgau.info

AKTIV UNTERWEGS

Passionsspielhaus: Theaterstraße 16, 82487 Oberammergau, Tel. 08822/8359330, www.passionsspiele-oberammergau.de
Benediktinerabtei Ettal: Kaiser-Ludwig-Platz 1, 82488 Ettal, Tel. 08822/740, www.kloster-ettal.de
Schloss Linderhof: Linderhof 12, 82488 Ettal, Tel. 08822/92030, www.schlosslinderhof.de
Walchenseekraftwerk: Altjoch 21, 82431 Kochel am See, Tel. 08851/77225, www.walchensee.net, ca. Ostern–Okt. Di–So 10–17 Uhr
Kalvarienberg: Austraße. 83646 Bad Tölz, Tel. 08041/78670, www.bad-toelz.de, www.deutsche-alpenstrasse.de/de/kalvarienberg-bad-toelz
Strandbad Tegernsee: Hauptstraße 63, 83684 Tegernsee, Tel. 08022/1874770, www.monte-mare.de, tgl. ab 10 Uhr
Ostiner Stuben: Schlierseer Straße 60, 83703 Gmund, Tel. 08022/7059810, www.ostiner-stuben.de, Mi–So 18–21.30, Fr–So auch 12–14.30 Uhr
Wendelsteinbahn: Seilbahn: Osterhofen 90, 83735 Bayrischzell, Tel.08034/3080, Zahnradbahn: Sudelfeldstraße 106, 83098 Brannenburg, Tel. 08034/3080, www.wendelsteinbahn.de
Winklmoosalm: Dürrnbachhornweg 14, 83242 Reit im Winkl, Tel. 08640/8140, www.traunsteinerhuette-winklmoosalm.de
Haus der Berge: Hanielstraße 7, 83471 Berchtesgaden, Tel. 08652/9790600, www.haus-der-berge.bayern.de
Dokumentationszentrum Obersalzberg: Salzbergstraße 41, 83471 Berchtesgaden, Tel. 08652/947960, www.obersalzberg.de
Schifffahrt Königssee: Seestraße 55, 83471 Schönau, Tel. 08652/96360, www.seenschifffahrt.de

Ausblick vom Jenner auf den Königssee

ÜBERNACHTUNG

Jugendherberge Oberammergau: Malensteinweg 10, 82487 Oberammergau, Tel. 08822/4114, www.jugendherberge.de €

Berggasthof Hummelei: Watschöd 1, 83080 Oberaudorf, Tel. 08033/4013, www.hummelei.de €€

Hotel Edelweiss: Maximilianstraße 2, 83471 Berchtesgaden, Tel. 08652/97990, www.edelweiss-berchtesgaden.com €€€

STELL- UND CAMPINGPLÄTZE

Campingplatz Schliersee: Westerbergstraße 27, 83727 Schliersee, Tel. 08026/9298998, www.camping-schliersee.de

Campingplatz Lindbauer: Kreuzfeldstraße 44, 83334 Inzell, Tel.08665/9289988, www.camping-inzell.de

Campingplatz Kesselberg: Altjoch 2 1/2, 821431 Kochel am See, Tel. 08851/464, www.campingplatz-kesselberg.de

Camping Walchensee: Lobisau 8, 82432 Kochel am See, www.camping-walchensee.de

PLATINUM

Zu guter Letzt

Pack- und Checklisten für die Reisevorbereitung

Urlaubs-Check-/Packliste

Allgemein

FAHRZEUGKONTROLLE

- ◯ Reifen/Reifendruck
- ◯ Licht
- ◯ Kühlflüssigkeit
- ◯ Scheibenwasser
- ◯ Verbandskasten
- ◯ Warndreieck
- ◯ Rettungsweste
- ◯ Starthilfekabel

DIE BORDAPOTHEKE

- ◯ Persönliche Medikamente und Salben
- ◯ Sonnenschutz und After-Sun
- ◯ Mücken- / Zeckenschutz
- ◯ Erste-Hilfe-Set / Wundpflege
- ◯ Ohrstöpsel

HYGIENE AN BORD

- ◯ Toilettenpapier
- ◯ Kosmetikartikel
- ◯ Handwaschmittel
- ◯ Hand- und Duschtücher

DER KLEIDERSCHRANK

- ◯ Kleidung für alle Einsätze
- ◯ Badesachen / Strandtuch
- ◯ Wetterfeste Regenkleidung
- ◯ Schuhe
- ◯ Warmes, auch im Sommer

ESSENZIELLES

- ◯ Führerschein
- ◯ Kfz-Schein
- ◯ Grüne Versicherungskarte
- ◯ Schutzbrief eines Automobilclubs oder Versicherung
- ◯ Bargeld in kleinen Scheinen
- ◯ Personalausweis / Reisepass
- ◯ EC- und Kreditkarten

Packlisten für alle Fälle

Kinder | Werkzeug

MIT KINDERN UNTERWEGS – WICHTIGER KINDERKRAM

- ○ Schnorchelzeug und Flossen und / oder Schwimmhilfen, Sonnenschutz
- ○ Neoprenanzüge machen Sinn, damit die Kids trotz kühler Temperaturen gerne und unbesorgt lange ins Wasser können
- ○ Fahrräder, Roller, Skateboards und alles andere Sportzeug
- ○ Kleine Boxen zum Sammeln von Fundstücken
- ○ Großes Reisetagebuch, in dem alle mitschreiben und malen, Stifte
- ○ Hängematte mit Mückennetz ist fast ein Garant für Mittagsschlaf
- ○ Musik, Bücher und Hörspiele
- ○ Taschenlampen (für jedes Kind eine eigene) oder besser noch Stirnlampen, denn damit lässt sich noch einfacher im Dunklen Feuerholz sammeln oder zum Strand spazieren.
- ○ Fernglas, Kompass, Taschenmesser
- ○ Reisespiele und Tablet mit Spielen und Filmen

IMMER DABEI: WERKZEUG-GRUNDAUSSTATTUNG

- ○ Ein Multitool / Bitkasten mit vielen verschiedenen Schraubenziehern, Inbus- und Steckschlüsseln
- ○ Panzertape (gewebeverstärktes Universalklebeband)
- ○ Eine Dose WD40 oder Ballistol Universalspray: Diese »Geheimwaffen« lösen verrostete Schrauben, schmieren die quietschende Markise oder verhindern das Vereisen der Türgummis u. Ä.
- ○ Kfz-Sicherungen aller Art
- ○ Sekundenkleber
- ○ Universalzange
- ○ Klappspaten (Befreiung aus sandigen, tiefschotterigen Untergründen)
- ○ Hammer
- ○ Kabelbinder und stabile Schnüre

Packlisten für alle Fälle

Behälter | Sauberkeit

TIPP: VERSCHIEDENE BEHÄLTER AN BORD

- ◯ Ein kleiner Rucksack für die Fährfahrt, den Tagesausflug zum Sightseeing, den Stadtbummel oder das Picknick am etwas entfernten Strand.
- ◯ Einige Ziploc-Beutel mit denen man beispielsweise das Handy gut gesichert an den Strand nehmen kann, in denen man Essen (Orangenschnitze) zum Picknick transportieren oder Reste im Kühlschrank aufbewahren kann (sehr oft verwendbar, weil leicht auswaschbar).
- ◯ Einen wasserdichten Beutel für die Handtasche oder den Rucksack, in dem man die wichtigsten Sachen deponiert, wenn man zum Beispiel eine Rafting-Tour, einen Regenspaziergang, eine Höhlenbesichtigung machen möchte.
- ◯ Kleine Müllbeutel für den täglichen Müll
- ◯ Große Müllbeutel für das schnelle Aufbewahren von nassem Badezeug oder noch feuchter Wäsche. Außerdem auch gut, um gesammeltes Feuerholz aufzubewahren.
- ◯ Einige, kleine (ineinander) stapelbare Tupperboxen für den Kühlschrank und für Kleinkram, der sich unterwegs ansammelt (Muscheln, undefinierbare Schrauben nach der Reparatur, ausgefallene Milchzähne etc.)

SAUBERKEIT SCHAFFT FRIEDEN

- ◯ Faltschüssel zum Abspülen und Wäschewaschen in den manchmal nicht so sauberen Sanitäranlagen der Campingplätze. Damit kann man außerdem gut das Geschirr transportieren.
- ◯ Zwei Schwämme (für Geschirr und Grobes)
- ◯ Öko-Spülmittel
- ◯ Küchenrolle
- ◯ Handwaschmittel
- ◯ Zwei Geschirrtücher
- ◯ Handfeger
- ◯ Waschmittel in Einzelportionen

Packliste

für Campingurlaube

WOHNEN IM ZELT

- ◯ Ein gutes Zelt ist die Basis für einen schönen Urlaub!
- ◯ Gute Heringe (die Standard-Heringe sind meist viel zu dünn, verbiegen sich sofort oder rutschen beim ersten Wind aus dem Boden)
- ◯ Schnur zum Verspannen (lieber etwas mehr als Ersatz)
- ◯ Gummihammer
- ◯ Lampe, die innen aufgehängt werden kann und dimmbar ist

GUT SCHLAFEN

- ◯ Isomatten (am einfachsten sind selbstaufblasende)
- ◯ Gute, hochwertige Schlafsäcke
- ◯ Evtl. eine zusätzliche wärme-isolierende Zeltplane
- ◯ Kissen (es gibt aufblasbare, die wenig Stauraum benötigen)
- ◯ Mütze (über den ungeschützten Kopf verliert man am meisten Wärme)
- ◯ Knickbare Hand- oder Fußwärmer, die du in den Schlafsack legen kannst

DRAUSSEN LEBEN

- ◯ Tarp oder Sonnenschirm (wenn du sie unterbringen kannst)
- ◯ Wasserkanister für Trinkwasser (am besten faltbar)
- ◯ Wäscheleine und -klammern
- ◯ Kleine Campingstühle oder Hocker
- ◯ Evtl. passt sogar ein Tisch mit ins Gepäck
- ◯ Große, wasserfeste Picknick-decke
- ◯ Stirnlampen für alle
- ◯ Die wirksamsten Mückenmittel, die du finden kannst (zusätzlich kannst du den Zelteingang damit besprühen)
- ◯ Grill und Feuerschale
- ◯ Gute Beleuchtung für den Campingtisch zum Spielen, Essen, Lesen
- ◯ Ein kleines Licht, das man sich auf die Trittstufe/neben den Zelteingang stellt, um im Dunkeln gut nach Hause zu finden
- ◯ Windlichter und evtl. Lichterkette
- ◯ Kuscheldecke für kühle Abende
- ◯ Hängematte

Checkliste

für ein gemietetes Wohnmobil

Da die Kaution für ein Mietmobil nicht unerheblich und schon im kleinsten Schadensfall verloren ist, sollte das Fahrzeug vor der Übernahme genauestens überprüft werden. Vor allen Dingen der Wohnmobil-Neuling sollte sich die Funktionen ganz genau erklären lassen, um für den Urlaub gut gerüstet zu sein. Empfehlenswert ist es folgende Checkliste mitzunehmen, Punkt für Punkt abzuhaken und vom Vermieter unterschreiben zu lassen.

AUSSEN

- ◯ Beschädigungen an Karosserie, Stoßfängern, unter den Stoßfängern, auf Scheiben
- ◯ Reifenzustand, evtl. einseitige Abnutzung, Luftdruck
- ◯ Dach, Einschläge durch herabfallende Teile
- ◯ Gepäckträger bzw. Fahrradträger auf dem Kugelkopf auf Funktion prüfen
- ◯ Warntafel vorhanden
- ◯ Umweltplaketten vorhanden
- ◯ Markise, Abspannbänder vorhanden
- ◯ Unterlegkeile

INNEN

- ◯ Gereinigter Zustand
- ◯ WC und Bad in Ordnung, WC-Kassette geleert
- ◯ Küche sauber, Kochfeld
- ◯ Besteck prüfen
- ◯ Töpfe, Pfannen, Gläser, Geschirr
- ◯ Kühlschrank auf Funktion prüfen bei a) Landstrom, b) Gas, c) Lichtmaschine automatische Umschaltung
- ◯ Heizung bzw. Warmwasseraufbereitung prüfen, Boiler füllen und entleeren, Funktion des automatischen Ablasses erklären lassen
- ◯ Auslasshähne im Bad, Küche auf Funktion Warm-/Kaltwasser prüfen, inkl. Duschkopf
- ◯ Elektro Sicherung und Fehlerschalter prüfen
- ◯ Sitze und Möbel auf Abnutzung, bzw. Beschädigung oder Verunreinigung prüfen
- ◯ Matratzen auf Sauberkeit prüfen
- ◯ Campingstühle und Tisch

TECHNIK

- ◯ Motoröl
- ◯ Kühlflüssigkeit
- ◯ Scheibenwaschwasser

- ◯ Bremsflüssigkeit
- ◯ 2 volle Gasflaschen
- ◯ Frischwassertank
- ◯ Abwassertank, Ablassventil
- ◯ Funktion der Scheibenheber, Spiegeleinstellung und Rückfahrkamera
- ◯ Reparaturkit für Reifen
- ◯ Warndreieck, Warnwesten, Verbandskasten
- ◯ Werkzeug
- ◯ Kompletter Schlüsselsatz, am besten zweifach
- ◯ CE-Stecker und Kabeltrommel

Last but not least

Die zehn Camper-Gebote

1 Campe & parke nur da, wo es erlaubt ist.

2 Verlasse Orte mindestens so sauber, wie du sie vorgefunden hast.

3 Respektiere deine Mitmenschen: Camper wie Anwohner.

4 Respektiere die Natur und lebe im Einklang mit ihr.

5 Notdurft in der Natur: ob groß oder klein, halte die Umwelt rein. Toilettenpapier und der Inhalt von (Chemie-) Toiletten gehören nicht in die Natur.

6 Entzünde offenes Feuer nur an den dafür vorgesehenen Stellen, achte auf Waldbrandstufen und Naturschutzgebiete.

7 Camper sind keine Rudeltiere. Wenn der Platz schon voll ist, suche dir einen anderen Ort.

8 Sei freundlich, positiv und verurteile Andere nicht.

9 Behalte deinen Hund im Blick und an der Leine. Die Hinterlassenschaften gehören aufgesammelt und in einem Mülleimer entsorgt und nicht mit Tüte im Wald.

10 Behalte deine Stellplätze für dich. Entdecke selbst und teile sie nicht mit der Öffentlichkeit.

Register

Auf Wiedersehen in Oberbayern!

Bildnachweis

Alle Bilder stammen von Georg Weindl, außer: 2020 Schlossbrauerei Stein: 111; Alpenwelt Karwendel: 88; Ammergauer Alpen: 127 o., 127 u.; Bayerische Fernwege e.V.: 136 r., 158/159 (Ralf Gerard); Berchtesgadener Land Tourismus: 141, 145; Bezirk Oberbayern: 59 r. (Wolfgang Englmaier); braeustueberl-weihenstephan.de: 59 l.; Camba Bavaria: 78; Chiemgau Tourismus: 16 o., 102/103, 113 u., 118; Chiemsee Alpenland Tourismus: 67 u., 71 o., 79; 67 o. (MH Photography/Manfred Huber); Chiemsee-Schifffahrt: 11 r.; 73 (Foto Berger); Das Blaue Land: 99 o., 99 l. u., 99 r. u. (Simon Bauer); Dietmar Denger Fotografie: 136 l.; Foto_Brauerei zum Kuchlbauer GmbH & Co KG: 61; Foto Hinz: 135, 137; gwt Starnberg GmbH: 33 o., 33 r. u.; Haus der Berge Berchtesgaden: 140 l.; Herkomer-Stiftung: 37 l. u. (Stephanie Irlen); Kloster Andechs/ARGUM: 39; Lookphotos: 6/7 (Christian Bäck), 34, 101 (Franz Marc Frei), 46 (Christian Mueringer), 71 u., 131 (Thomas Stankiewicz), 74 r. u. (Ulli Seer), 75 l., 75 r., 87 r. u., 129 (Andreas Strauß), 93 (Michael Boyny); Markt Garmisch-Partenkirchen: 91 o. (Jörg Lutz); Mauritius Images: 49 (Dr. Wilfried Bahnmüller/imageBROKER), 62/63 (PS-I/Alamy/Alamy Stock Photos), 82/83 (Westend61/Hans Lippert), 94 (Kurt Amthor/imageBROKER), 122/123 (Christian Bäck), 142/143 (FotoMagie Marika Hildebrandt), 158 (Udo Siebig); oberbayern.de: 87 o. (Peter von Felbert); picture alliance: 15 (Franz Walter/imageBROKER), 130 (United Archives); Pixabay: 20/21 (Steve Hall), 24 (perlenfinder), 31 (Fietzfotos), 37 r. u. (Albrecht Fietz), 50/51 (Incognity Photography), 68 u. (stux); Shutterstock: 3 (cge2010), 4, 11 l. (Eder), 8, 19, 37 o., 116/117 (FooTToo), 16 r. u. (Victoria P.), 28/29 (footageclips), 30 (Andreas Prott), 33 l. u., 35 (Chris Redan), 40/41 (nnattalli), 45 (My Images – Micha), 47 (Bernd Juergens), 48 (Dmytro Shapoval), 52 (manfredxy), 55 (guentermanaus), 57, 58 (Fritz Schwarzmann), 76/77 (Jochen Netzker), 81 (Mikalai Nick Zastsenski), 91 u. (Dave Z), 92 (Olgysha), 95 (Scirocco340), 113 o. (Sergey Dzyuba), 115 o. (Altrendo Images), 122, 128 r. (Nuria Kreuser), 128 l. (TMag), 138 (ms_pics_and_more), 147 (Philipp Salveter); Stadt Dachau: 44 (Udo Bernhart); Stefan Blank: 148/149; Tourist Information Starnberg: 27 r.; TVB Oberbayern: 26; Ulli Seer: 74 l. u.; Wendelsteinbahn: 137; Wikimedia Commons: 140 r; (Franzi-45); www.berchtesgaden.de: 121

Impressum

Verantwortlich: Claudia Hohdorf
Redaktion: Anne Köhler
Layout: Ewald Tange
Umschlaggestaltung: Mathias Frisch
Repro: P.R.O. MEDIEN PRODUKTION GmbH
Korrektorat: Christiane Gsänger
Kartografie: Kartographie Huber, Heike Block
Herstellung: Alexander Knoll
Printed in Slovenia by Florjancic

Exklusiv für Sie als Leser:

MIT GPS-DATEN ZUM DOWNLOAD

unter: gps.bruckmann.de

Sind Sie mit diesem Titel zufrieden? Dann würden wir uns über Ihre Weiterempfehlung freuen.
Erzählen Sie es im Freundeskreis, berichten Sie Ihrem Buchhändler, oder bewerten Sie bei Onlinekauf. Und wenn Sie Kritik, Korrekturen, Aktualisierungen haben, freuen wir uns über Ihre Nachricht an Bruckmann Verlag, Postfach 40 02 09, D-80702 München oder per E-Mail an lektorat@verlagshaus.de.

Unser komplettes Programm finden Sie unter www.bruckmann.de

Alle Angaben dieses Werkes wurden vom Autor sorgfältig recherchiert und auf den neuesten Stand gebracht sowie vom Verlag geprüft. Für die Richtigkeit der Angaben kann jedoch keine Haftung übernommen werden, weshalb die Nutzung auf eigene Gefahr erfolgt. Insbesondere bei GPS-Daten können Abweichungen nicht ausgeschlossen werden. Sollte dieses Werk Links auf Webseiten Dritter enthalten, so machen wir uns die Inhalte nicht zu eigen und übernehmen für die Inhalte keine Haftung.
In diesem Buch wird aus Gründen der besseren Lesbarkeit das generische Maskulinum verwendet. Weibliche und anderweitige Geschlechteridentitäten werden dabei ausdrücklich mitgemeint, soweit es für die Aussage erforderlich ist.

Die Deutsche Nationalbibliothek verzeichnet diese Publikation in der Deutschen Nationalbibliografie; detaillierte bibliografische Daten sind im Internet über http://dnb.d-nb.de abrufbar.

ISBN: 978-3-7343-2463-5